新时代智库出版的领跑者

国家智库报告（2021）
National Think Tank (2021)

2020年中国工业经济运行分析年度报告

CHINA'S INDUSTRIAL ECONOMIC
SITUATION AND PROSPECTS IN 2020

中国社会科学院工业经济研究所工业经济形势分析课题组　著

中国社会科学出版社

图书在版编目(CIP)数据

2020年中国工业经济运行分析年度报告/中国社会科学院工业经济研究所工业经济形势分析课题组著.—北京：中国社会科学出版社，2021.4

(国家智库报告)

ISBN 978-7-5203-8391-2

Ⅰ.①2… Ⅱ.①中… Ⅲ.①工业经济—经济分析—研究报告—中国—2020 Ⅳ.①F424

中国版本图书馆 CIP 数据核字（2021）第 082817 号

出 版 人	赵剑英
项目统筹	王 茵　喻 苗
责任编辑	孙砚文　李 沫
责任校对	王 龙
责任印制	李寡寡

出　　版	中国社会科学出版社
社　　址	北京鼓楼西大街甲158号
邮　　编	100720
网　　址	http://www.csspw.cn
发 行 部	010-84083685
门 市 部	010-84029450
经　　销	新华书店及其他书店
印刷装订	北京君升印刷有限公司
版　　次	2021年4月第1版
印　　次	2021年4月第1次印刷
开　　本	787×1092　1/16
印　　张	7.25
插　　页	2
字　　数	75千字
定　　价	39.00元

凡购买中国社会科学出版社图书，如有质量问题请与本社营销中心联系调换
电话：010-84083683
版权所有　侵权必究

主　　　编：史　丹

副 主 编：李雪松　张其仔

编　　　委：白　玫　邓　洲　郭朝先
　　　　　　贺　俊　江飞涛　李　钢
　　　　　　李　鹏　李鹏飞　李晓华
　　　　　　刘戒骄　刘　勇　王秀丽
　　　　　　王燕梅　肖红军　杨丹辉
　　　　　　叶振宇　余　菁　张航燕
　　　　　　张金昌　张艳芳　朱　彤

本报告执笔人：张航燕　江飞涛
　　　　　　　李　鹏　崔志新

摘要：受突如其来的疫情影响，2020年中国工业经济遭受较大冲击；党中央国务院采取有力应对措施，复工复产深入推进，工业生产持续回升。工业生产尽管有所分化，但工业经济各项指标均呈现"V"形反转走势，工业就业也成效显著。总体上看，当前工业经济仍面临不少困难和挑战，突出表现为企业资金压力增大、民间制造业投资低迷。未来中国工业经济的发展，需要在短期应对与中长期发展之间进行平衡：既要着重短期应对疫情对工业经济的冲击，也要继续深化供给侧结构性改革，推动工业经济高质量发展。

关键词：新冠肺炎疫情；"V"形反转；平衡发展

Abstract: Influenced by the sudden COVID-19, China's industrial economy suffered a great impact in 2020. The CPC Central Committee and the State Council have taken effective measures to promote the resumption of work and production, and industrial production has continued to pick up. Although the industrial production has some differentiation, the industrial economic indicators all have shown a "V"-shaped reversal trend, the industrial employment has also achieved remarkable results. On the whole, the current industrial economy is still facing many difficulties and challenges, which are prominently manifested in the increasing financial pressure of enterprises and the sluggish investment in private manufacturing. In the future, the development of China's industrial economy needs to balance between short-term response and medium-and long-term development. We should not only focus on short-term response to the impact of the epidemic on the industrial economy, but also continue to deepen the supply-side structural reform to promote high-quality development of the industrial economy.

Key Words: COVID-19, "V"-shaped reversal trend, balanced development

目 录

一 2020年工业运行总体情况 …………………（2）
 （一）2020年工业运行特征 ……………………（2）
 （二）当前工业经济运行中的突出问题 ……（11）

二 2020年工业运行行业分析 …………………（16）
 （一）原材料工业 ………………………………（16）
 （二）装备工业 …………………………………（28）
 （三）消费品工业 ………………………………（35）

三 2020年工业经济运行区域分析 ……………（41）
 （一）当前区域工业经济运行特点 …………（41）
 （二）当前面临的主要困难 …………………（62）

四 2021年工业经济增长预测 …………………（65）
 （一）国内外经济环境分析 …………………（65）

（二）2020年下半年工业增速预测…………（91）

五 推进中国工业经济高质量发展的政策建议 …………………………………（100）

参考文献 ……………………………………（105）

受突如其来的新冠肺炎疫情影响，2020年中国工业经济遭受较大冲击；党中央、国务院采取有力应对措施，复工复产深入推进，工业生产持续回升。工业生产尽管有所分化，但工业经济各项指标均呈现"V"形反转走势，工业就业也成效显著。总体上看，当前工业经济仍面临不少困难和挑战，突出表现为企业资金压力增大、民间制造业投资低迷。未来中国工业经济的发展，需要在短期应对与中长期发展之间进行平衡；既要着重短期应对疫情对工业经济的冲击，也要继续深化供给侧结构性改革，推动工业经济高质量发展。

一 2020年工业运行总体情况

（一）2020年工业运行特征

1. 工业经济运行呈现"V"形反弹走势

突如其来的新冠肺炎疫情对工业经济造成较大冲击，随着中央统筹推进疫情防控和经济社会发展各项政策措施逐步落实，复工复产深入推进，工业生产持续回升，工业经济各项指标呈现"V"形反转走势。从工业增加值看，2020年，规模以上工业增加值同比增长2.8%，较三季度加快1.6个百分点，第一季度和上半年同比分别下降8.4%和1.3%。分月来看，1—2月和3月，规模以上工业增加值同比下降13.5%和1.1%，4月以来，工业增加值增速由负转正，12月，规模以上工业增加值同比增长7.3%，较4月加快3.4个百分点。从出口交货值看，2020年，全国规模以上工业企业实现出口交货值122796亿元，同比下降0.3%，降幅较上半年和第三季度分别收窄3.6和2.8

个百分点。从固定资产投资看，制造业投资同比下降11.7%，降幅较第一季度收窄13.5个百分点。从经济效益看，2020年，全国规模以上工业企业实现利润总额64516.1亿元，同比增长4.1%，工业企业利润累计增速自10月以来由负转正；2020年，全国规模以上工业企业营业收入利润率升至6.1%，较第三季度和上半年分别加快0.2个和0.7个百分点；2020年年末，全国规模以上工业亏损企业数量为66313家，同比增长18.7%，但增速较第一季度减少23个百分点。

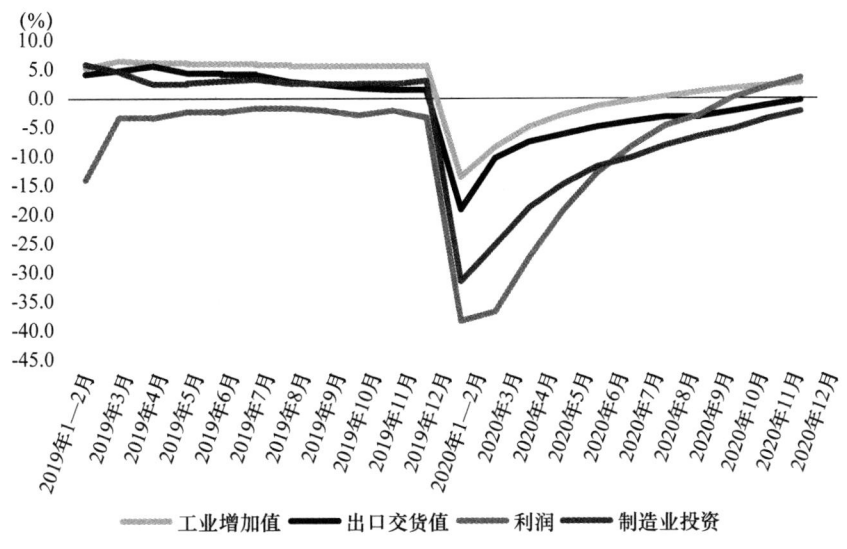

图1-1 2019—2020年工业主要指标情况

数据来源：国家统计局网站。

2. 工业生产呈现分化发展

高技术产业显著增长。2020年，高技术产业工业增加值同比增长7.1%,快于规模以上工业4.2个百分点。其中,医药制造业,计算机、通信和其他电子设备制造业,电气机械和器材制造业增加值同比分别增长5.9%、7.7%和8.9%(如图1-2所示)。特别是11月和12月,高技术产业更是实现了两位数增长,工业增加值同比分别增长10.8%和13.1%,快于规模以上工业3.8个和5.8个百分点。其中,医疗仪器设备及仪器仪表制造业、电子及通信设备制造业、计算机及办公设备制造业增加值分别增长12.1%、8.8%、6.5%。新兴产品高速增长。分产品看,3D打印设备、智能手表、民用无人机、集成电路圆片等新兴产品实现高速增长,增速均达1倍以上。

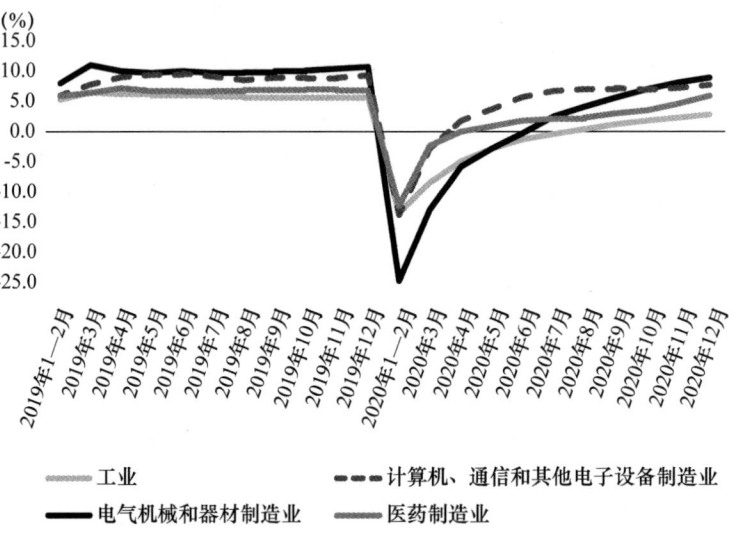

图1-2　2019年以来高技术产业工业增加值累计增速

数据来源:国家统计局网站。

消费类工业生产降幅较大，但降幅收窄。2020年，皮革、毛皮、羽毛及其制品和制鞋业，文教、工美、体育和娱乐用品制造业，纺织服装、服饰业，家具制造业增加值同比分别下降4.4%、6%、9%和11.7%，降幅较上半年分别收窄8.5个、8.3个、3.2个和3.3个百分点。这些行业也是传统的外向型产业，受海外疫情、贸易摩擦等因素影响，出口交货值大幅下降。2020年，这四个行业出口交货值同比分别下降24.5%、8.1%、18.1%和11.2%，降幅分别较规模以上工业高24.2个、7.8个、17.8个和10.9个百分点。

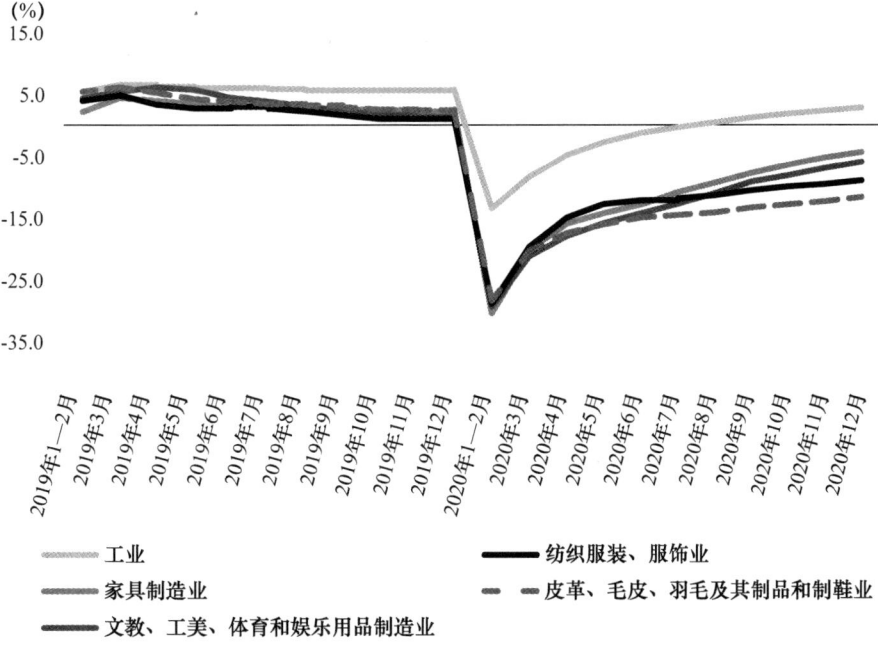

图1-3　2019年以来消费类工业增加值月度累计增速

数据来源：国家统计局网站。

原材料工业和装备制造业加快增长。受基建投资拉动，原材料工业和装备制造业加快增长。2020年，原材料制造业增加值比上年增长3.3%，高于全部规模以上工业平均水平0.5个百分点。分行业看，2020年，原材料制造业包含的5个大类行业均实现增长，钢铁行业增长最快，增速达6.7%，快于规模以上工业3.9个百分点；化工、建材、有色行业处于2.5%—3.4%平稳增长区间。分产品看，粗钢、钢材、十种有色金属、乙烯、初级形态塑料等重点产品生产形势稳定，增速分别为5.2%、7.7%、5.5%、4.9%、7.0%。2020年，装备制造业增加值同比增长6.6%，增速与2019年基本持平，快于规模以上工业3.8个百分点，对全部规模以上工业增长贡献率达70.6%，有力支撑工业增长稳步回升。2020年，电子、电气机械、汽车行业增长较快，增速分别为7.7%、8.9%、6.6%。分产品看，挖掘机、太阳能电池、笔记本电脑、工业机器人、新能源汽车、集成电路等主要产品实现较快增长，增速分别为36.7%、30.3%、26.3%、19.1%、17.3%、16.2%。

表1-1 2019年以来主要原材料工业和装备制造业增加值累计增速

	工业	黑色金属冶炼和压延加工业	专用设备制造业	通用设备制造业	化学原料和化学制品制造业	非金属矿物制品业	有色金属冶炼和压延加工业
2019年1—2月	5.3	7.5	10	4.4	4.3	8.8	9.3

续表

	工业	黑色金属冶炼和压延加工业	专用设备制造业	通用设备制造业	化学原料和化学制品制造业	非金属矿物制品业	有色金属冶炼和压延加工业
2019年3月	6.5	7.9	12.6	8.4	5.5	11.5	10.1
2019年4月	6.2	8.9	10.1	6.7	5	11	9.7
2019年5月	6.0	9.5	9	5.7	4.6	10.7	9.7
2019年6月	6.0	10.3	8.3	5.1	4.8	10.4	10.4
2019年7月	5.8	10.2	7.7	4.5	4.6	10.2	10.5
2019年8月	5.6	10.2	7.1	3.9	4.3	9.9	10.2
2019年9月	5.6	10.1	7.1	3.9	4.1	9.6	9.9
2019年10月	5.6	9.7	6.9	3.9	4	9	9.9
2019年11月	5.6	9.9	7	4.1	4.4	8.9	9.6
2019年12月	5.7	9.9	6.9	4.3	4.7	8.9	9.2
2020年1—2月	-13.5	-2	-24.4	-28.2	-12.3	-21.1	-8.5
2020年3月	-8.4	0.5	-13.5	-17.2	-6.8	-13.7	-3.8
2020年4月	-4.9	1.7	-4.2	-9	-3.9	-7.6	-0.6
2020年5月	-2.8	2.8	1	-4.9	-2.1	-4.1	0.5
2020年6月	-1.3	3.4	2.9	-2.3	-1	-2.2	1
2020年7月	-0.4	4.2	4.1	-0.3	-0.1	-1.3	1.3
2020年8月	0.4	4.8	4.6	1.2	0.7	-0.4	1.7
2020年9月	1.2	5.3	5.1	2.6	1.5	0.8	1.9
2020年10月	1.8	5.9	5.4	3.7	2.3	1.7	2.2
2020年11月	2.3	6.3	6	4.4	2.9	2.3	2.4
2020年12月	2.8	6.7	6.3	5.1	3.4	2.8	2.5

数据来源：国家统计局网站。

疫情对西部地区工业影响相对较小。2020年，地区工业增速排名前五位的省份分别为西藏、吉林、新疆、甘肃和江苏，工业增加值同比分别增长9.6%、6.9%、6.9%、6.5%和6.1%，除东北吉林和东部江苏外，其他三省份均属于西部地区。2020年，甘肃规模以上工业增加值比上年增长6.5%，增速比上年提高1.3个百分点，高于全国平均水平3.7个百分点。其中，甘肃规模以上工业战略性新兴产业、高技术产业、装备制造业增加值分别比上年增长14.9%、22.0%和22.0%，增速分别比规模以上工业快8.4、15.5和15.5个百分点。2020年，吉林规模以上工业增加值同比增长6.9%，增速比上年提高3.8个百分点，高于全国平均水平4.1个百分点；从重点产业看，汽车制造业和装备制造业同比分别增长12.8%和8.4%，增速高于全国平均水平6.2个和1.8个百分点。

2020年，工业增加值仍处于下降的省份分别为湖北、海南和青海，工业增加值同比分别下降6.1%、4.5%和0.2%。2020年，疫情对湖北工业造成了巨大影响，但是影响逐季消减。2020年，湖北规模以上工业增加值比上年下降6.1%，降幅比第一季度收窄39.7个百分点。月度增速连续8个月正增长，其中12月同比增长7.9%，增速比11月加快1.8个百分点。分三大门类看，全年采矿业增加值下降16.0%，降幅比第一季度收窄40.7个百分点，制造业下降6.2%，降幅收窄41.9个百分点，电力、热力、燃气及水生产和供应业下降2.5%，降幅收窄17.0个百分点。高技术制造业增加值比上年增长4.1%，增速高于全部规模以上工业10.2个百分点。从产品产量看，全年光纤、锂离子电池、电子计算机整机、印制电路板产量分别增长4.9%、2.9%、36.1%和4.9%。

3. 工业稳就业成效显著

疫情发生以来，各地各部门多措并举出台了减负、稳岗、扩就业政策措施，全力以赴筑牢民生之本。从PMI从业人员指数来看，2020年除1月和2月外，其余月份制造业PMI从业人员指数均高于去年同期。12月，制造业PMI从业人员指数49.6，高于去年同期2.3个百分点。2020年，制造业PMI从业人员指数除10月略低于非制造业从业人员指数0.1个百分点外，连续11个月高于非制造业从业人员指数，而2019年全年均为非制造业从业指数高于制造业从业指数。网络招聘大数据亦显示了制造业稳就业的积极效果。2020年前6个月，除了2月和3月外，其他月制造业新增岗位均高于去年同期水平。特别是第二季度，制造业在线招聘新增岗位317475个，新增岗位数量较去年第二季度增加了23%[①]。中国社科院工业经济研究

---

① 数据由中国社科院工业经济研究所和广东财经大学联合研究小组提供。其中，广东财经大学执行人为蔡卫星副教授。

10　国家智库报告

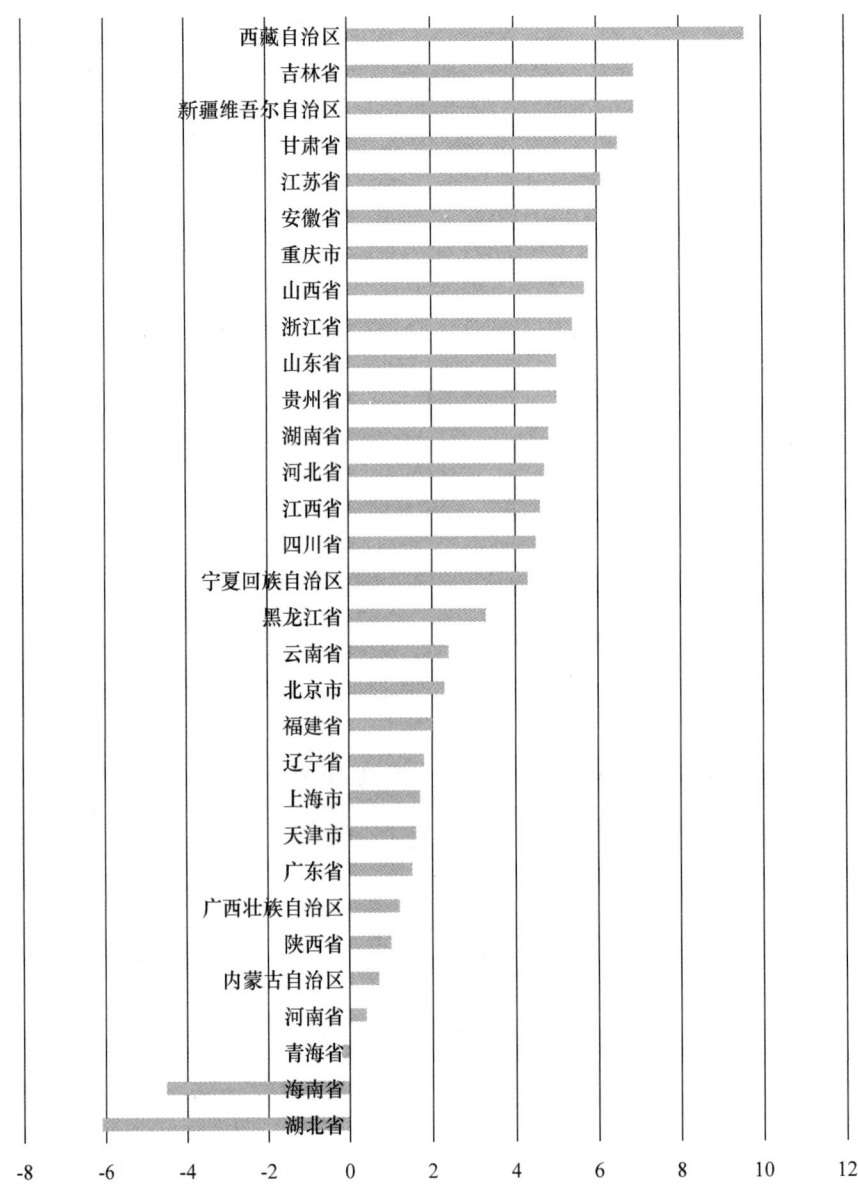

图1-4　2020年全国各省（市、区）工业增加值增速

数据来源：国家统计局网站。

所课题组在对江西企业的实地调研，以及对浙江、上海、安徽、天津及北京等地企业的视频访谈中了解到，绝大多数企业享受到了稳岗用工补贴和失业保险稳岗返还政策，部分工业企业还做出了不减员、不减薪承诺。

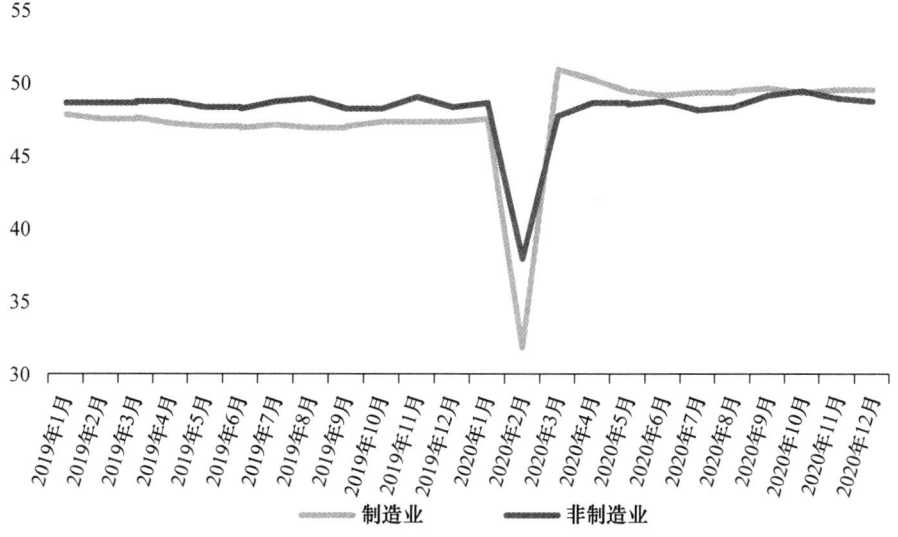

图 1-5　2019 年以来 PMI 从业人员指数

数据来源：国家统计局网站。

（二）当前工业经济运行中的突出问题

当前中国疫情防控取得了阶段性成效，复工复产稳步推进，但工业经济仍面临不少困难和挑战，突出表现为生产回升力度减弱、产业链供应链资金链普遍承压。

1. 回款难和库存高企，企业资金压力增大

回款难、库存高企、资金沉淀大加重了企业流动资金短缺的压力。企业应收账款大幅增加，应收账款平均回收期延长。2020年年末，工业企业应收账款同比增长15.1%，增速是2019年年末的3.6倍；应收账款平均回收期为51.2天，较去年同期增加5.8天。同时由于疫情影响，人员流动相对受限，企业市场开拓不足，产成品库存增加。产成品存货同比增长7.5%，增速是2019年年末的2.4倍；产成品存货周转天数为17.9天，较去年同期增加1.2天。从企业实地调研和企业视频访谈了解到，尽管绝大部分受访企业享受到了国家出台的复工复产优惠政策，如稳岗补贴、社保减免、房租减免等，但是受生产经营循环不畅等影响，企业应收账款平均回收期延长，不少企业背负着较大的银行还贷压力，企业流动资金普遍紧张。

表1-2　　　　2019年以来工业企业主要运营指标　　　　单位：%

	产成品存货增速	产成品周转天数	应收账款增速	应收账款平均回收期
2019年	2.0	16.7	4.5	45.4
2020年	7.5	17.9	15.1	51.2

数据来源：国家统计局网站。

2. 信心不足，民间制造业投资持续低迷

2020年，中国民间投资特别是制造业领域的民间投资意愿持续减弱。2020年，中国民间固定资产投资为289264亿元，同比增长1.0%，而同期国有控股固定投资同比增长5.3%，相差4.3个百分点。2020年，中国制造业投资同比下降2.2%，制造业民间投资同比下降4.6%。自2019年4月以来，民间固定资产投资增速一直低于全部固定资产投资增速；自2019年2月以来，民间制造业投资增速低于制造业投资增速（如图1-6所示）。民间投资意愿低，特别是制造业民间投资依然处于负增长，表明民营企业家的投资信心还不是很充分，中小企业的亏损压力还很大，中小企业的一些预期还比较低迷，缺乏扩大生产的信心与动力。目前对微观主体积极性不足问题需继续高度关注，特别是目前地方政府一些官员依然存在着为官不为、能力不足等问题。如何能够使民营企业家的投资信心、投资空间进一步提升，依然是未来所面临的最为重要的几个微观结构性问题①。

---

① 刘元春在中国宏观经济论坛（CMF）宏观经济月度数据分析会（2020年10月）上的发言。

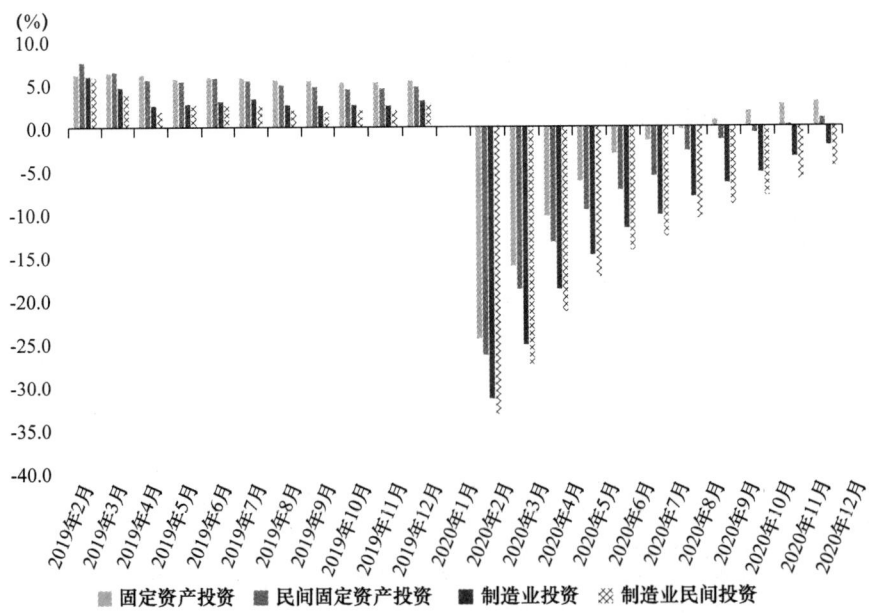

图1-6 2019年以来民间固定资产投资增速

资料来源：国家统计局数据库。

3. 地方投资冲动，部分产业无序竞争

部分新兴产业和传统产能过剩行业出现了无序竞争。国家高度重视集成电路产业发展，出台了一系列政策措施，支持和引导产业健康发展。在政策推动下，各地纷纷上马芯片项目，甚至有一些没经验、没技术、没人才的"三无"企业也投身集成电路行业，最终导致了多个"高调建厂，后续乏力"的烂尾项目。不仅新兴产业出现无序竞争现象，传统过剩产能行业亦表现出投资冲动。自2018年以来，钢铁行业整体产能扩张冲动明显。2019年，中国粗钢产量为9.96亿吨，同

比增长8.3%,创历史新高。根据中国钢铁工业协会预测,2020年全年粗钢产量预计超过10亿吨,将再创历史纪录。究其原因,一方面是由于2016年以来在供给侧结构性改革的背景下,严重供过于求的钢铁产业连续三年化解过剩产能1.5亿吨,使得行业整体盈利能力大幅提高,部分企业有扩大产能的规划;另一方面,2017年,超过1.4亿吨"地条钢"被清除后,部分原"地条钢"企业试图通过上马电炉替代过去的中频炉继续炼钢,导致行业供大于求的趋势再次显现。

此外,疫情使得中国一些产业的短板和瓶颈进一步凸显出来。以汽车产业为例,在车规级芯片、传感器、橡胶、树脂材料、核心二级部件等方面,还需要加快产业链上游融合,集中力量实现核心技术的攻关。一些企业部分原材料、关键零部件进口依赖度较高,由于海外疫情形势严峻,面临"断供"风险。

二 2020年工业运行行业分析

本报告行业划分参照工业与信息化部的划分标准，将工业行业分为四大类：原材料工业，装备工业，消费品工业和通信电子信息及软件业。原材料行业包括能源、化工、钢铁、有色和建材；装备工业包括机械、汽车和民用船舶；消费品工业包括轻工、纺织、食品、医药。本报告主要关注原材料、装备工业和消费品工业。

（一）原材料工业

2020年，受疫情和环保限产等影响，煤炭行业生产放缓。2020年，煤炭开采和洗选业增加值同比增长1.7%，增速较去年减少3.8个百分点。从产量来看，全国规模以上企业原煤产量38.4亿吨，同比增长0.9%。受煤炭价格走低影响，煤炭行业经济效益下降。受上半年拖累，2020年全年煤炭均价下跌。2020年，煤炭开采和洗选业规模以上企业实现营业收入约2万亿元，同比下降8.4%；实现利润总额为2222.7亿元，同比减少21.1%，降幅较2019年提高近19个百分点。进入采暖季后，随着动力煤需求增加、价格上涨，煤炭行业利润实现正增长，11月、12月各增长了9.1%、19.6%。

受疫情影响，石油和天然气开采业生产下滑。2020年，石油和天然气开采业增加值同比增长0.5%，第一季度增长1.3%。2020年，受主要产油国"价格战"叠加新冠肺炎疫情等因素影响，国际原油价格剧烈波动，波及国内石油和天然气开采业价格震荡，特别是上半年各月环比涨跌幅在-35.7%至38.2%之间，同比涨跌幅在-57.6%至17.5%之间，上半年平均下降27.0%。受油气价格回落，石油和天然气开采业效益大幅下降。2020年，石油和天然气开采业营业收入和利润同比分别下降20.1%和83.2%，降幅较上半年分别扩大-1.1个和10.6个百分点。

伴随着经济社会秩序持续恢复，工业、投资、消费等数据呈逐月回升态势，电力、热力生产和供应业生产加快。2020年，电力、热力生产和供应业增加值同比增长1.9%，降幅较第一季度收窄4.7个百分点。从发电量来看，2020年，发电量74170亿千瓦时，比上年增长2.7%,增速较上半年加快2.6个百分点。电力、热力生产和供应业营业收入和利润同比分别增长1.7%和4.9%,而上半年是下降1.8%和9.5%。

表2-1 煤炭开采和洗选业、石油和天然气开采业主要指标累计增速　单位:%

	煤炭开采和洗选业				石油和天然气开采业			
	收入	利润	出口交货值	工业增加值	收入	利润	出口交货值	工业增加值
2019年2月	2.6	-23.2	177.6	-2.0	0.1	-5.7	76.0	-0.4
2019年3月	5.4	-18.0	37.4	0.4	4.4	10.3	87.2	1.6
2019年4月	1.8	-16.5	19.3	0.4	6.4	19.7	99.9	2.0
2019年5月	4.4	-9.4	-45.7	0.9	6.2	24.0	92.6	2.1
2019年6月	3.6	-7.1	-19.5	2.8	4.8	17.8	91.0	2.3
2019年7月	3.6	-3.8	-36.5	3.60	3.9	12.9	87.4	2.70
2019年8月	2.7	-4.3	-52.4	3.70	3.3	7.3	87.3	2.70
2019年9月	3.9	-3.2	-61.2	4.70	1.8	7.9	74.3	2.90
2019年10月	3.5	-2.1	-41.4	4.80	0.1	3.4	72.3	2.60
2019年11月	4.0	-1.7	-59.0	5.10	-0.9	-0.4	50.3	3.60
2019年12月	3.2	-2.4	-52.8	5.50	-0.8	1.8	51.9	3.70
2020年2月	-16.3	-45.6	-14.2	-8.20	8.1	23.7	155.7	2.10
2020年3月	-12.7	-29.9	288.5	-0.60	-2.3	-20.1	125.8	1.30
2020年4月	-10.0	-27.0	-47.6	0.60	-13.8	-56.4	106.2	0.10
2020年5月	-11.6	-31.2	149.9	0.50	-20.4	-75.8	127.4	-4.00
2020年6月	-11.8	-31.2	-42.5	0.40	-21.2	-72.6	142.2	-2.10
2020年7月	-11.5	-32.8	87.9	-0.3	-21.7	-72.1	164.4	-1.8
2020年8月	-11.2	-30.0	64.6	0.1	-21.2	-70.2	161.9	-1.3
2020年9月	-12.0	-30.1	-38.5	0.4	-20.2	-70.2	170.0	-0.7
2020年10月	-10.7	-27.7	-22.2	0.9	-20.9	-68.5	168.7	-0.3
2020年11月	-9.7	-24.5	24.0	1.2	-20.7	-70.8	168.1	-0.1
2020年12月	-8.4	-21.1	-68.5	1.7	-20.1	-83.2	167.3	0.5

数据来源:国家统计局网站。

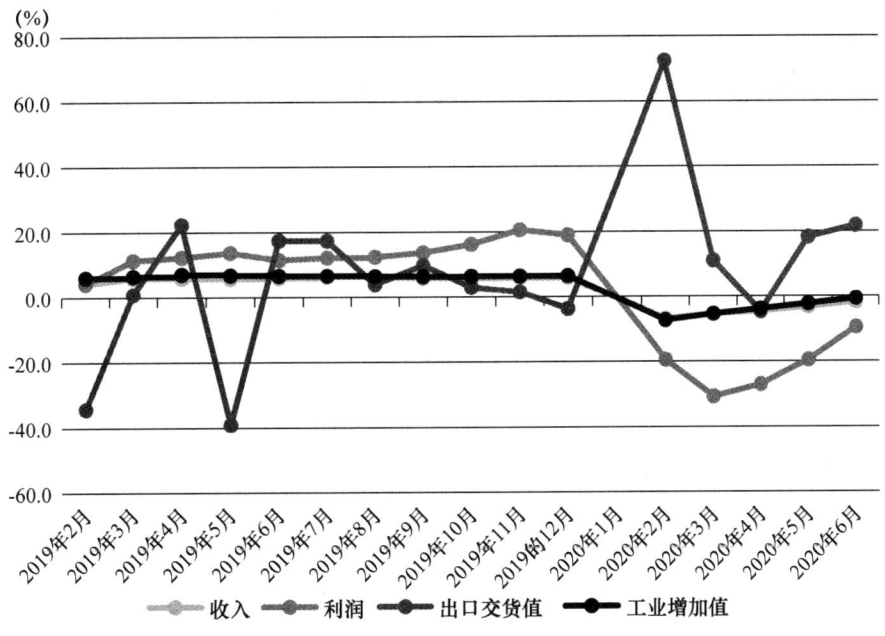

图 2-1 电力、热力生产和供应业主要指标累计增速

数据来源：国家统计局网站。

2020年，化工行业受新冠肺炎疫情以及原油价格大幅波动影响，细分行业生产分化。石油加工、炼焦及核燃料加工业、化学原料及化学制品制造业、橡胶和塑料制品业、化学纤维制造业工业增加值同比分别增长0.7%、3.4%、1.8%和2.2%。受疫情影响，中国化工产业需求受到冲击，石油天然气及其主要石化产品的价格下降，细分行业效益分化。2020年，石油加工、炼焦及核燃料加工业和化学纤维制造业利润同比下降26.5%和15.1%，化学原料及化学制品制造业、橡胶和塑料制品业利润同比分别增长20.9%和

24.4%。受中美贸易摩擦和全球疫情影响，化工行业出口下降。2020年，石油加工、炼焦及核燃料加工业、化学原料及化学制品制造业、化学纤维制造业、橡胶和塑料制品业出口交货值同比分别下降39%、8.8%、17.7%和-0.3%，降幅较上半年分别收窄5.6个、0.7个、8.1个和11.2个百分点。

表2-2　　　　　　　化工行业主要指标累计增速　　　　　单位:%

	石油加工、炼焦及核燃料加工业				化学原料及化学制品制造业			
	收入	利润	出口交货值	工业增加值	收入	利润	出口交货值	工业增加值
2019年2月	0.1	-70.4	41.6	6.1	0.5	-27.2	9.8	4.3
2019年3月	5.5	-54.5	41.8	4.6	4.1	-17.8	4.6	5.5
2019年4月	4.8	-50.2	35.1	4.6	1.2	-16.0	2.6	5.0
2019年5月	4.3	-51.3	28.3	3.8	0.9	-13.6	0.2	4.6
2019年6月	3.6	-53.6	26.5	3.9	0.7	-13.6	-1.3	4.8
2019年7月	3.6	-50.6	28.4	3.6	0.4	-11.6	-1.7	4.6
2019年8月	3.4	-53.1	26.9	3.5	-0.4	-13.1	-3.2	4.3
2019年9月	3.0	-53.5	22.0	4.0	-0.6	-13.0	-4.4	4.1
2019年10月	2.7	-51.2	24.0	4.3	-1.0	-25.3	-3.5	4.0
2019年11月	3.0	-47.2	25.5	4.7	-0.7	-23.3	-4.3	4.4
2019年12月	4.0	-42.5	16.4	5.0	-1.0	-25.6	-5.5	4.7
2020年2月	-4.0	-116.7	25.7	-7.8	-21.0	-66.4	-19.7	-12.3
2020年3月	-8.9	-187.9	11.2	-8.1	-17.8	-56.5	-10.3	-6.8
2020年4月	-11.4	-213.3	-6.5	-6.3	-13.3	-48.0	-8.0	-3.9
2020年5月	-13.4	-167.4	-16.4	-3.9	-11.7	-38.6	-8.6	-2.1
2020年6月	-13.0	-124.1	-33.4	-2.0	-10.1	-32.2	-9.5	-1.0
2020年7月	-13.7	-107.9	-36.8	-1.2	-9.1	-27.6	-10.3	-0.1
2020年8月	-13.6	-84.4	-36.4	-0.1	-8.0	-22.0	-10.2	0.7

续表

	石油加工、炼焦及核燃料加工业				化学原料及化学制品制造业			
	收入	利润	出口交货值	工业增加值	收入	利润	出口交货值	工业增加值
2020年9月	-13.6	-66.2	-36.8	0.2	-6.9	-17.7	-9.6	1.5
2020年10月	-13.9	-52.8	-37.6	0.4	-5.8	2.8	-9.5	2.3
2020年11月	-13.8	-44.0	-39.1	0.6	-4.6	10.5	-8.5	2.9
2020年12月	-13.4	-26.5	-39.0	0.7	-3.7	20.9	-8.8	3.4

	化学纤维制造业				橡胶和塑料制品业			
	收入	利润	出口交货值	工业增加值	收入	利润	出口交货值	工业增加值
2019年2月	10.3	-53.1	4.5	13.1	0.7	-6.7	1.9	2.2
2019年3月	16.2	-19.7	5.9	14.8	6.6	11.1	4.6	6.4
2019年4月	10.5	-8.7	6.2	14.3	2.2	8.0	5.1	4.7
2019年5月	8.5	-16.6	4.4	14.0	2.5	11.5	3.3	4.7
2019年6月	7.1	-23.1	4.6	13.0	2.4	9.8	3.2	4.7
2019年7月	5.9	-25.8	-1.0	12.8	2.9	10.4	2.5	4.8
2019年8月	4.0	-30.1	-3.1	12.1	2.7	11.7	1.6	4.7
2019年9月	4.0	-29.1	-4.7	12.3	2.6	12.9	1.2	4.9
2019年10月	3.6	-26.3	-5.0	11.5	2.7	13.9	1.7	4.8
2019年11月	4.1	-22.8	-4.9	11.8	2.8	13.7	0.6	4.9
2019年12月	4.0	-19.8	-5.3	11.9	2.0	12.0	0.2	4.8
2020年2月	-28.4	-74.5	-10.6	-10.7	-26.3	-52.9	-22.3	-25.2
2020年3月	-25.4	-62.2	-6.9	-6.9	-21.2	-30.9	-15.5	-16.2
2020年4月	-20.0	-60.4	-16.9	-4.9	-13.3	-11.9	-13.5	-9.4
2020年5月	-18.0	-59.1	-23.3	-2.9	-9.7	3.6	-12.8	-6.2
2020年6月	-18.4	-41.9	-25.8	-1.2	-7.3	14.0	-10.9	-4.3
2020年7月	-17.3	-40.4	-25.4	-0.7	-7.0	15.4	-8.6	-3.0
2020年8月	-15.5	-33.4	-23.7	-0.4	-5.4	19.5	-6.8	-2.0
2020年9月	-13.8	-34.9	-22.6	0.2	-4.0	20.6	-4.7	-0.7

续表

	化学纤维制造业				橡胶和塑料制品业			
	收入	利润	出口交货值	工业增加值	收入	利润	出口交货值	工业增加值
2020年10月	-11.8	-30.0	-21.5	1.1	-2.7	23.8	-2.8	0.6
2020年11月	-11.3	-26.3	-20.4	1.6	-1.6	25.3	-1.0	1.3
2020年12月	-10.4	-15.1	-17.7	2.2	-1.0	24.4	0.3	1.8

数据来源：国家统计局网站。

钢铁产量显著增长。2020年1—2月，受春节和新冠肺炎疫情影响，钢铁产量增长受阻，但与去年同期相比粗钢产量仍表现出增长态势。3月开始，随着国内疫情得到有效控制，复工复产持续推进，需求逐步释放带动钢铁产量持续走高。2020年全国生铁、粗钢和钢材产量分别为8.88亿吨、10.53亿吨和13.25亿吨，同比分别增长4.3%、5.2%和7.7%。

钢铁产业增产难增效。2020年黑色金属冶炼及压延加工业工业增加值和营业收入同比增长分别为6.7%和5.2%。但是自2019年4月以来，进口铁矿石价格持续上涨，使得钢铁业面临着增产难增效的困境。2020年，黑色金属冶炼及压延加工业利润同比下降7.5%，但是降幅较上年大幅收窄30.1个百分点。据中国钢铁工业协会数据，截至2020年12月末，进口粉矿（62%品位）价格为159.54美元/吨，比2019年同期上涨69.02美元/吨，涨幅76.3%。此外焦炭价格因环保、去产能等原因也出现供应偏紧现象，较上年年末有明显上涨，12月30日，唐山地区焦炭价格为2400元/吨，较年初上涨500元/吨，涨幅26.3%。

钢铁行业出口下降。受海外疫情影响，许多行业无法正常进行生产和消费，下游用钢需求大幅萎缩，中国钢铁产业出口大幅下降。2020年，黑色金属冶炼及压延加工业出口交货值同比下降28.7%，降幅较上半年扩大5.8个百分点。海关总署数据显示，全国累计出口钢材5367.1万吨，同比下降16.5%，降幅较上年扩大9.2个百分点。

表2-3　　　　　钢铁行业主要指标累计增速　　　　　单位:%

	黑色金属矿采选业				黑色金属冶炼及压延加工业			
	收入	利润	出口交货值	工业增加值	收入	利润	出口交货值	工业增加值
2019年2月	10.5	130.4	120.3	5.4	6.2	-59.0	14.5	7.5
2019年3月	12.3	164.6	-96.1	5.7	10.3	-44.5	11.1	7.9
2019年4月	9.4	185.2	-95.0	6.9	8.4	-28.1	4.9	8.9
2019年5月	11.1	229.0	-94.5	7.4	9.1	-22.4	0.5	9.5
2019年6月	12.8	327.3	-94.1	7.3	9.1	-21.8	-4.8	10.3
2019年7月	15.6	232.1	-93.1	7.0	9.0	-25.1	-7.2	10.2
2019年8月	14.9	180.8	-92.4	6.9	8.6	-31.3	-11.3	10.2
2019年9月	13.1	178.0	-91.2	7.0	8.5	-41.8	-10.2	10.1
2019年10月	13.3	189.5	-87.3	7.2	7.1	-44.2	-12.8	9.7
2019年11月	12.5	170.7	-97.4	7.8	7.1	-42.3	-12.9	9.9
2019年12月	11.1	396.5	-83.2	7.1	6.8	-37.6	-13.3	9.9

续表

	黑色金属矿采选业				黑色金属冶炼及压延加工业			
	收入	利润	出口交货值	工业增加值	收入	利润	出口交货值	工业增加值
2020年2月	-5.9	-86.2	-71.8	-16.2	-11.4	-34.4	-32.3	-2.0
2020年3月	-1.2	-47.8	18.3	-7.6	-10.8	-55.7	-25.4	0.5
2020年4月	1.1	40.3	-3.4	-5.2	-7.5	-60.4	-19.8	1.7
2020年5月	1.0	20.9	2.7	-3.1	-6.0	-57.2	-20.3	2.8
2020年6月	2.8	24.2	-0.6	-2.3	-3.8	-40.3	-22.9	3.4
2020年7月	4.0	24.3	22.7	-1.9	-1.9	-32.0	-26.5	4.2
2020年8月	5.0	31.3	-0.4	-1.6	0.0	-23.1	-28.9	4.8
2020年9月	7.1	44.5	-8.9	-1.6	1.2	-18.7	-30.7	5.3
2020年10月	8.2	46.4	-27.8	-1.7	2.9	-12.9	-30.6	5.9
2020年11月	9.0	45.0	-31.0	-2.1	3.7	-9.9	-30.4	6.3
2020年12月	11.2	74.9	-29.5	-1.6	5.2	-7.5	-28.7	6.7

数据来源：国家统计局网站。

2020年，有色金属行业积极应对疫情不利影响，着力推动复工复产，第二季度以来生产经营逐步恢复，效益显著提升。2020年，有色金属矿采选业工业增加值同比下降0.2%，降幅较上半年收窄1.2个百分点；有色金属冶炼及压延加工业工业增加值同比增长2.5%，增幅较上半年加快1.5个百分点。2020年，十种有色金属产量6168万吨，同比增长5.5%，增幅较上半年扩大1.6个百分点。据中国有色金属工业协会统计，2020年，大宗有色金属价格经历"V形"走势，2020年4月以来价格持续回暖，铜、铝全年现货均价48752元/吨、14193元/吨，同比增长2.1%、1.7%；铅、锌全年现货均价14770元/吨、18496元/吨，分别下降11.3%、9.7%，降幅较去年同期收窄1.7个、3.8个百分点。随着有色金属价格逐步回暖，行业效益显著提升。2020年，有色金属矿采选业和有色金属冶炼及压延加工业利润总额同比分别增长14.7%和20.3%，而上半年的利润增速分别是下降13.5%和29.4%。有色金属行业出口下降。2020年，有色金属矿采选业和有色金属冶炼及压延加工业出口交货值同比分别下降31%和7.6%，降幅较上半年分别收窄6.1个和15.5个百分点。

表2-4　　　　　有色金属行业主要指标累计增速　　　　　单位:%

	有色金属矿采选业				有色金属冶炼及压延加工业			
	收入	利润	出口交货值	工业增加值	收入	利润	出口交货值	工业增加值
2019年2月	1.0	-26.0	32.5	8.0	4.9	-34.5	3.3	9.3
2019年3月	0.6	-14.9	7.8	5.6	10.0	-12.6	6.4	10.1
2019年4月	-1.4	-19.5	1.4	3.9	4.6	-6.6	8.3	9.7
2019年5月	-0.6	-26.3	5.4	3.6	6.5	2.6	9.7	9.7
2019年6月	-0.5	-24.5	9.4	3.3	6.0	3.1	12.3	10.4
2019年7月	0.6	-25.3	17.3	2.9	6.8	6.0	9.6	10.5
2019年8月	1.7	-23.7	9.1	3.0	7.4	9.7	8.7	10.2
2019年9月	-1.8	-23.6	10.8	3.3	7.4	8.1	2.9	9.9
2019年10月	2.7	-23.0	15.6	3.2	6.8	5.4	1.7	9.9
2019年11月	2.2	-23.0	9.1	3.3	7.5	8.7	-1.4	9.6

续表

	有色金属矿采选业				有色金属冶炼及压延加工业			
	收入	利润	出口交货值	工业增加值	收入	利润	出口交货值	工业增加值
2019年12月	-4.6	-28.8	-2.5	3.0	7.2	1.2	-2.1	9.2
2020年2月	-18.8	-33.4	-19.1	-13.1	-13.5	28.3	-16.7	-8.5
2020年3月	-15.0	-33.9	-9.2	-6.1	-10.0	-30.2	-11.4	-3.8
2020年4月	-12.2	-31.8	-30.3	-3.1	-4.6	-40.3	-14.8	-0.6
2020年5月	-8.8	-15.3	-36.2	-1.7	-2.9	-43.7	-19.3	0.5
2020年6月	-7.6	-13.5	-37.1	-1.4	-0.5	-29.4	-23.1	1.0
2020年7月	-5.3	-8.2	-37.7	-0.8	1.1	-12.7	-22.0	1.3
2020年8月	-5.1	-1.7	-37.1	-0.6	0.9	-5.6	-20.7	1.7
2020年9月	-3.1	5.9	-36.8	-0.4	1.5	2.1	-15.7	1.9
2020年10月	-5.2	9.3	-37.8	-0.1	2.5	5.0	-11.9	2.2
2020年11月	-5.2	15.1	-31.6	-0.1	3.0	10.1	-10.9	2.4
2020年12月	-3.2	14.7	-31.0	-0.2	4.2	20.3	-7.6	2.5

数据来源：国家统计局网站。

2020年，建材行业统筹疫情防控和行业发展取得积极成效，行业经济运行逐渐回稳向好。2020年，非金属矿采选业工业增加值同比下降0.6%，降幅较上半年收窄3.2个百分点；非金属矿物制品业工业增加值同比增长2.8%，而上半年为下降2.2%，自9月由负转正后持续提高。主要建材产品生产保持增长，其中水泥产量23.8亿吨，同比增长1.6%，平板玻璃产量9.5亿重量箱，同比增长1.3%。建材行业经济效益稳中有升。2020年，非金属矿物采选业和非金属矿物制品业利润同比分别增长4.2%和2.7%,而上半年为下降5.6%和8.7%。主要产品中,平板玻璃实现利润130亿元,同比增长39%。建材行业出口下降。2020年,非金属矿采选业和非金属矿物制品业出口交货值同比分别下降11.3%和8.7%,降幅较上半年分别收窄-7.5个和5.4个百分点。

表2-5　非金属矿采选业和非金属矿物制品业主要指标累计增速　　单位:%

	非金属矿采选业				非金属矿物制品业			
	收入	利润	出口交货值	工业增加值	收入	利润	出口交货值	工业增加值
2019年2月	7.2	11.6	-18.3	2.2	11.0	3.1	-0.3	8.8
2019年3月	7.9	18.4	-2.8	0.6	15.4	13.6	2.5	11.5
2019年4月	5.7	15.9	2.1	0.8	13.4	12.6	3.6	11.0
2019年5月	6.0	16.0	-0.8	0.7	13.4	12.9	2.6	10.7
2019年6月	5.1	25.6	1.6	0.4	12.5	11.9	0.6	10.4
2019年7月	5.4	20.7	-3.0	0.1	12.8	10.8	0.4	10.2
2019年8月	5.3	16.4	-1.0	-0.3	12.8	11.1	-0.8	9.9
2019年9月	6.4	18.5	-7.6	-0.5	12.5	11.8	-1.7	9.6
2019年10月	5.3	19.8	0.4	-0.8	11.9	10.9	-2.9	9.0
2019年11月	4.8	14.0	1.3	-0.6	11.8	10.7	-2.3	8.9
2019年12月	2.4	6.1	-0.4	0.2	9.9	7.5	-3.0	8.9
2020年2月	-24.4	-31.3	-8.2	-25.5	-21.9	-37.0	-21.9	-21.1
2020年3月	-15.9	-17.2	4.1	-16.9	-17.5	-34.0	-16.4	-13.7
2020年4月	-8.9	-2.9	5.9	-9.3	-11.0	-19.7	-15.5	-7.6
2020年5月	-5.4	2.0	2.4	-5.7	-7.4	-12.0	-15.5	-4.1
2020年6月	-3.6	-5.6	-3.8	-3.8	-5.1	-8.7	-14.1	-2.2
2020年7月	-3.4	-3.8	-14.9	-3.1	-4.3	-6.2	-13.3	-1.3

续表

	非金属矿采选业				非金属矿物制品业			
	收入	利润	出口交货值	工业增加值	收入	利润	出口交货值	工业增加值
2020年8月	-2.6	-1.9	-14.4	-2.2	-3.2	-3.8	-11.5	-0.4
2020年9月	-1.6	-1.8	-14.4	-1.4	-2.0	-1.3	-11.0	0.8
2020年10月	-1.7	-1.5	-21.5	-0.8	-1.1	0.9	-10.0	1.7
2020年11月	-1.4	0.8	-20.6	-0.5	-0.5	1.4	-9.4	2.3
2020年12月	-1.3	4.2	-11.3	-0.6	-0.1	2.7	-8.7	2.8

数据来源：国家统计局网站。

（二）装备工业

机械行业生产加快。2020年，机械行业增加值同比增长6%，超过去年同期水平（5.1%）；12月当月增加值同比增长10.6%。2020年，累计实现营业收入23.01万亿元，同比增长4.2%；实现利润总额1.45万亿元，同比增长8.6%。其中，通用设备制造业，专用设备制造业，电气机械及器材制造业，计算机、通信和其他电子设备制造业，金属制品业，仪器仪表制造业增加值同比分别增长5.1%、6.3%、8.9%、7.7%、5.2%和3.4%，增速均高于工业平均增速。2020年，通用设备制造业，专用设备制造业，仪器仪表制造业，计算机、通信和其他电子设备制造业利润增长均由第一季度负增长转为正增长实现了两位数增长，同比分别增长13%、24.4%、11.6%和17.2%。

2020年，机械行业出口下降，受疫情影响，除专用设备制造业，电气机械及器材制造业，计算机、通信和其他电子设备制造业出口交货值实现增长外（同比分别增长5.8%、4.4%和6.4%），其余5个行业出口交货值均出现下降。

表2-6　　　　机械行业主要指标累计增速　　　　单位:%

	通用设备制造业				专用设备制造业			
	收入	利润	出口交货值	工业增加值	收入	利润	出口交货值	工业增加值
2019年2月	4.3	0.8	7.0	4.4	8.6	14.0	6.1	10.0
2019年3月	11.1	18.4	7.9	8.4	15.4	32.8	10.0	12.6
2019年4月	6.0	7.3	7.3	6.7	10.1	17.9	11.7	10.1
2019年5月	5.3	7.4	6.2	5.7	8.8	17.7	9.2	9.0
2019年6月	4.0	5.5	5.7	5.1	8.4	16.6	9.5	8.3
2019年7月	4.3	5.1	5.0	4.5	8.6	14.3	9.1	7.7
2019年8月	4.1	4.3	2.0	3.9	8.0	13.3	7.3	7.1
2019年9月	3.5	3.0	1.4	3.9	6.7	12.9	5.6	7.1
2019年10月	3.7	2.8	0.9	3.9	7.5	12.0	5.5	6.9
2019年11月	4.6	4.4	0.6	4.1	7.6	13.6	5.0	7.0
2019年12月	3.9	3.7	0.8	4.3	6.3	12.9	4.9	6.9
2020年2月	-25.7	-62.3	-27.3	-28.2	-22.9	-55.1	-16.6	-24.4
2020年3月	-22.4	-39.9	-19.4	-17.2	-18.3	-34.7	-8.2	-13.5
2020年4月	-12.9	-17.6	-14.5	-9.0	-7.9	-3.1	-3.4	-4.2
2020年5月	-8.2	-6.5	-14.4	-4.9	-2.3	16.6	1.3	1.0
2020年6月	-4.8	-1.1	-13.0	-2.3	1.4	20.7	2.2	2.9
2020年7月	-3.1	3.2	-12.0	-0.3	2.5	24.1	3.0	4.1
2020年8月	-1.1	7.6	-10.7	1.2	3.8	22.9	4.1	4.6
2020年9月	0.8	10.7	-9.0	2.6	5.2	22.3	3.9	5.1

续表

	通用设备制造业				专用设备制造业			
	收入	利润	出口交货值	工业增加值	收入	利润	出口交货值	工业增加值
2020年10月	1.8	12.0	-7.7	3.7	6.3	22.9	4.3	5.4
2020年11月	2.5	12.5	-6.5	4.4	7.4	23.0	5.8	6.0
2020年12月	3.2	13.0	-5.6	5.1	7.6	24.4	5.8	6.3

	铁路、船舶、航空航天和其他运输设备制造业				仪器仪表制造业			
	收入	利润	出口交货值	工业增加值	收入	利润	出口交货值	工业增加值
2019年2月	8.3	83.7	2.6	7.9	2.1	-14.4	9.6	8.4
2019年3月	12.3	63.6	3.5	10.9	11.3	7.0	10.1	12.2
2019年4月	9.3	67.6	4.1	9.7	6.9	-2.3	11.5	10.4
2019年5月	7.9	42.9	4.4	9.5	7.1	0.0	10.1	9.9
2019年6月	9.3	33.2	7.2	10.6	7.0	4.7	9.3	9.6
2019年7月	8.9	26.5	8.3	11.4	7.1	3.0	6.2	9.4
2019年8月	8.9	27.6	7.6	11.1	7.3	2.2	3.2	9.6
2019年9月	8.0	22.7	6.4	10.5	7.4	4.8	3.7	10.4
2019年10月	6.4	13.1	5.2	9.8	7.2	5.4	2.1	10.8
2019年11月	6.4	8.7	5.9	9.0	7.0	6.3	1.8	10.9
2019年12月	4.5	11.9	6.9	7.4	5.5	5.9	1.3	10.5
2020年2月	-24.7	-75.3	-22.8	-28.2	-25.2	-71.7	-22.9	-27.4
2020年3月	-18.3	-33.2	-16.0	-13.7	-21.0	-33.2	-12.5	-16.1
2020年4月	-10.9	-11.7	-13.8	-7.3	-11.7	-2.0	-9.5	-7.0
2020年5月	-7.2	-6.5	-12.2	-4.8	-6.4	8.9	-8.4	-3.0
2020年6月	-5.8	-4.8	-10.6	-3.8	-3.5	2.8	-6.4	-0.7
2020年7月	-4.3	-1.6	-9.5	-3.3	-1.3	9.6	-5.9	1.1
2020年8月	-3.4	-3.6	-7.2	-2.9	0.4	11.9	-5.0	1.5
2020年9月	-1.6	0.8	-5.1	-2.1	2.1	13.4	-4.4	1.7

续表

	铁路、船舶、航空航天和其他运输设备制造业				仪器仪表制造业			
	收入	利润	出口交货值	工业增加值	收入	利润	出口交货值	工业增加值
2020年10月	-1.4	1.5	-3.0	-1.9	2.7	13.7	-4.3	2.2
2020年11月	-1.4	1.1	-3.1	-1.4	3.6	13.3	-3.7	2.6
2020年12月	-0.6	-1.5	-3.7	-0.3	3.5	11.6	-2.3	3.4

	电气机械及器材制造业				计算机、通信和其他电子设备制造业			
	收入	利润	出口交货值	工业增加值	收入	利润	出口交货值	工业增加值
2019年2月	3.7	10.9	6.1	8.0	3.3	-21.6	2.7	6.0
2019年3月	9.4	21.2	7.9	11.0	6.3	-7.0	2.9	7.8
2019年4月	5.8	14.5	9.2	10.0	6.1	-15.3	4.9	9.0
2019年5月	6.0	15.9	8.9	9.7	6.4	-13.0	4.0	9.4
2019年6月	5.8	13.0	9.5	10.0	6.2	-7.9	3.8	9.6
2019年7月	6.1	15.6	9.8	9.7	5.7	-6.3	4.2	9.1
2019年8月	5.9	15.8	9.6	9.8	5.0	-2.7	2.8	8.5
2019年9月	5.5	13.5	9.4	10.0	5.4	3.6	2.5	8.9
2019年10月	5.5	15.0	8.3	10.1	4.7	6.0	1.7	8.8
2019年11月	5.7	13.3	7.5	10.4	4.6	4.1	1.6	8.9
2019年12月	5.9	10.8	7.1	10.7	4.5	3.1	1.7	9.3
2020年2月	-25.5	-68.2	-19.4	-24.7	-14.7	-87.0	-17.2	-13.8
2020年3月	-21.6	-47.0	-8.9	-12.9	-7.5	-12.0	-5.8	-2.8
2020年4月	-13.3	-22.9	-5.6	-5.8	-1.6	15.0	-1.5	1.8
2020年5月	-9.6	-11.6	-4.6	-2.8	1.3	34.7	1.5	3.7
2020年6月	-6.3	-6.4	-3.6	-0.3	4.6	27.2	4.0	5.7
2020年7月	-4.2	-4.0	-2.3	2.5	6.5	28.7	5.1	6.7
2020年8月	-2.0	-1.3	-1.3	4.1	7.3	26.1	5.6	7.0
2020年9月	0.4	2.9		5.6	7.4	15.5	4.0	7.2

续表

	电气机械及器材制造业				计算机、通信和其他电子设备制造业			
	收入	利润	出口交货值	工业增加值	收入	利润	出口交货值	工业增加值
2020年10月	2.0	3.5	1.3	7.0	7.2	12.6	4.3	6.9
2020年11月	3.6	6.6	3.0	8.1	7.8	15.7	5.4	7.2
2020年12月	4.5	6.0	4.4	8.9	8.3	17.2	6.4	7.7

	金属制品业				金属制品、机械和设备修理业			
	收入	利润	出口交货值	工业增加值	收入	利润	出口交货值	工业增加值
2019年2月	5.8	8.8	−0.7	8.5	9.4	88.6	−1.5	6.8
2019年3月	11.4	20.6	0.5	11.0	10.1	51.0	−1.2	7.7
2019年4月	7.1	15.4	0.9	8.9	7.6	20.8	1.5	7.1
2019年5月	7.0	18.6	0.3	8.4	8.7	12.4	−1.1	8.3
2019年6月	6.3	14.8	0.1	7.9	10.0	12.1	5.6	14.6
2019年7月	6.3	15.8	−0.8	7.3	9.6	7.4	5.4	12.5
2019年8月	6.0	12.0	−1.9	6.4	10.1	10.6	15.1	11.7
2019年9月	5.5	10.6	−2.7	6.0	10.0	6.0	16.6	12.1
2019年10月	5.4	10.9	−3.6	5.7	11.4	4.4	16.6	11.4
2019年11月	5.8	8.4	−4.2	5.7	8.0	−12.4	18.3	10.7
2019年12月	4.9	5.9	−3.7	5.8	12.8	−0.1	19.0	13.9
2020年2月	−25.2	−49.0	−25.4	−26.9	−9.3	−80.0	33.3	−9.7
2020年3月	−20.5	−39.1	−16.7	−15.0	−6.5	−84.3	28.0	−8.8
2020年4月	−12.4	−22.3	−14.4	−7.3	−2.5	−66.7	26.7	−5.1
2020年5月	−9.7	−15.9	−15.3	−4.7	−1.7	−26.6	23.5	−2.7
2020年6月	−7.3	−11.2	−15.0	−3.1	−5.0	−53.7	17.9	−2.8
2020年7月	−5.7	−7.0	−13.9	−1.2	−4.7	−42.9	14.0	−2.6
2020年8月	−3.5	−6.1	−11.9	0.2	−5.5	−38.6	0.2	−3.5
2020年9月	−1.8	−1.1	−9.4	1.8	−4.9	−33.7	−3.5	−3.9
2020年10月	−0.5	2.3	−7.3	3.1	−5.5	−27.5	−4.8	−3.8

续表

	金属制品业				金属制品、机械和设备修理业			
	收入	利润	出口交货值	工业增加值	收入	利润	出口交货值	工业增加值
2020年11月	0.8	4.4	-5.0	4.3	-6.0	-9.5	-8.2	-4.5
2020年12月	1.8	4.1	-3.2	5.2	-6.7	-27.2	-9.9	-3.3

数据来源：国家统计局网站。

汽车制造业增长加速。受贸易摩擦、环保标准切换、新能源补贴退坡等因素的影响，中国的汽车制造业自2017年生产、销售达到最高峰后，从2018年以后，产销呈现下降趋势。2020年年初疫情暴发令整体汽车产业链都受到不同程度的影响，为恢复整体经济正常运行以及稳定国内汽车市场消费，政府多措并举，从国家层面到地方层面，围绕汽车消费出台了多方扶持措施。2020年，汽车制造业增加值同比增长6.6%，增速较上年加快4.8个百分点。2020年全国汽车产销分别完成2522.5万辆和2531.1万辆，同比分别下降2%和1.9%，降幅比上年分别收窄5.5个和6.3个百分点。整车产销自4月开始已连续9个月实现正增长。2020年，受国Ⅲ汽车淘汰、治超加严以及基建投资等因素的拉动，商用车全年产销呈现大幅增长。2020年商用车产销分别完成523.1万辆和513.3万辆，首超500万辆，创历史新高，商用车产销同比分别增长20.0%和18.7%，产量增幅比上年提高18.1个百分点，销量增速比上年实现了由负转正。2020年，新能源汽车产销分别完成136.6万辆和136.7万辆，同比分别增长7.5%和10.9%，增速较上年实现了由负转正，新能源汽车销量创历史新高。受汽车产销快速增长影响，汽车制造业利润显著好转。2020年汽车制造业营业收入和利润总额同比分别增长3.4%和4.0%，增速比上年实现了由负转正。海外疫情持续导致中国汽车出口受阻。2020年，汽车制造业出口交货值同比下降1.3%，降幅较上年收窄1.1个百分点。海关数据显示，2020年中国汽车整车出口99.5万辆，同比下降2.9%。分车型看，乘用车出口76万辆，同比增长4.8%；商用车出口23.5万辆，同比下降21.4%。

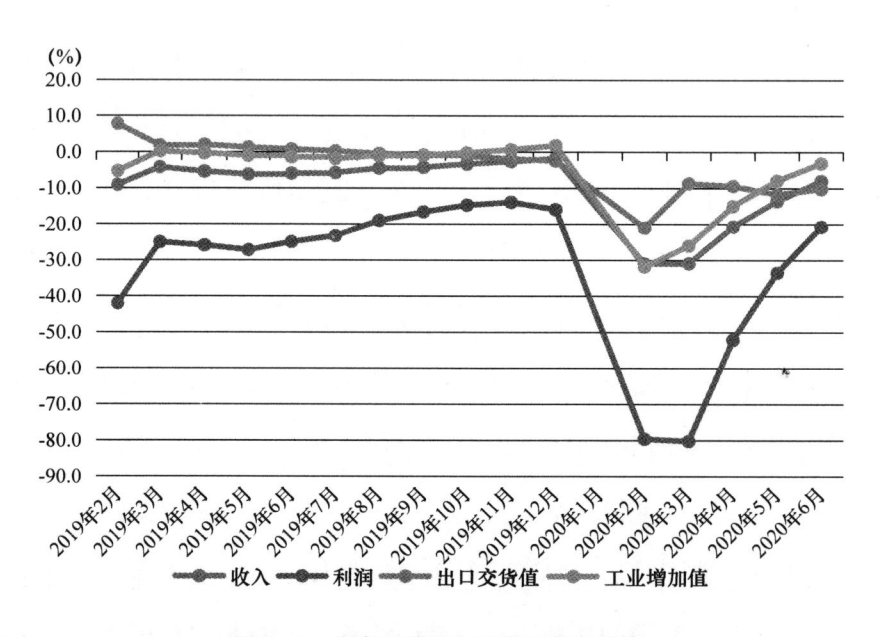

图2-2 汽车制造业主要指标累计增速

数据来源：国家统计局网站。

（三）消费品工业

2020年，纺织服装行业生产分化。2020年，纺织业工业增加值同比增长0.7%，增速较上年减少0.4个百分点。值得注意的是，在产业链主要环节中，产业用纺织品行业在防疫物资生产拉动下大幅增长是纺织业生产增速稳步回升的主动力。2020年中国规模以上产业用纺织品企业工业增加值同比增长54.1%。2020年，纺织业利润同比增长7.9%，增速由上年负增长转为正增长。受需求萎缩影响，产业链终端服装、鞋业生产仍呈下滑态势。2020年，纺织服装、服饰业，皮革、毛皮、羽毛及其制品和制鞋业工业增加值同比分别下降9%和11.7%，降幅较上半年分别收窄3.2个和3.3个百分点；利润同比分别下降21.3%和20.7%，降幅较上半年分别收窄6.1个和8.8个百分点。2020年，由于贸易摩擦和海外疫情等因素影响，纺织服装行业出口呈现较大降幅。2020年，纺织业，纺织服装、服饰业，皮革、毛皮、羽毛及其制品和制鞋业出口交货值同比分别下降8.9%、18.1%和24.5%，降幅较上半年分别收窄10.1个、4.4个和3.7个百分点。因海外防疫物资需求大幅增加带动相关产业用纺织品出口增长。2020年中国非织造布出口量128.9万吨，同比增长32.2%；出口金额50.5亿美元，同比增长62.5%。2020年3—12月，中国累计出口口罩2242亿只，其中医用口罩650亿只；出口防护服23.1亿件，其中医用防护服7.73亿件。

表2-7　　纺织业和纺织服装、服饰业主要指标累计增速　　单位：%

	纺织业				纺织服装、服饰业			
	收入	利润	出口交货值	工业增加值	收入	利润	出口交货值	工业增加值
2019年2月	-3.4	-11.3	1.1	0.2	5.0	7.6	-0.2	3.9
2019年3月	3.9	3.6	3.8	3.7	6.8	8.3	2.0	4.8
2019年4月	4.2	3.7	3.4	2.2	3.5	1.2	-0.5	3.3
2019年5月	3.1	3.2	1.6	1.9	2.5	-1.3	-0.7	2.7
2019年6月	2.7	-0.1	1.2	1.9	2.2	-0.8	-0.3	3.0
2019年7月	2.4	0.1	0.5	1.8	2.2	-3.5	-0.2	2.7
2019年8月	1.3	-3.4	0.3	1.6	2.1	-1.1	0.1	2.2
2019年9月	0.9	-4.3	-0.7	1.5	1.5	-1.6	-0.5	1.6
2019年10月	-0.5	-6.4	-1.2	1.2	-0.2	-3.4	-1.6	1.0
2019年11月	-0.7	-7.0	-2.0	1.4	-0.5	-4.9	-1.7	1.0
2019年12月	-1.8	-10.9	-2.4	1.3	-3.4	-9.8	-2.1	0.9
2020年2月	-30.5	-59.3	-27.5	-27.2	-28.1	-42.1	-26.5	-28.9
2020年3月	-26.0	-38.8	-20.2	-16.8	-23.5	-43.5	-23.4	-19.7
2020年4月	-19.8	-19.8	-21.3	-10.6	-18.5	-34.8	-21.5	-15.0
2020年5月	-17.0	-10.3	-21.1	-6.7	-16.9	-29.2	-21.8	-12.8
2020年6月	-15.6	-5.6	-19.0	-4.5	-16.4	-27.4	-22.5	-12.2
2020年7月	-13.4	-3.0	-17.1	-3.7	-15.0	-26.3	-21.8	-11.9
2020年8月	-11.8	1.6	-14.8	-2.8	-14.4	-25.6	-21.3	-11.4
2020年9月	-10.5	4.8	-12.5	-1.7	-13.5	-22.9	-20.3	-10.6
2020年10月	-8.7	7.6	-11.2	-0.5	-12.9	-21.3	-19.8	-10.0
2020年11月	-7.4	7.5	-9.4	0.2	-12.4	-20.8	-19.3	-9.6
2020年12月	-6.7	7.9	-8.9	0.7	-11.3	-21.3	-18.1	-9.0

数据来源：国家统计局网站。

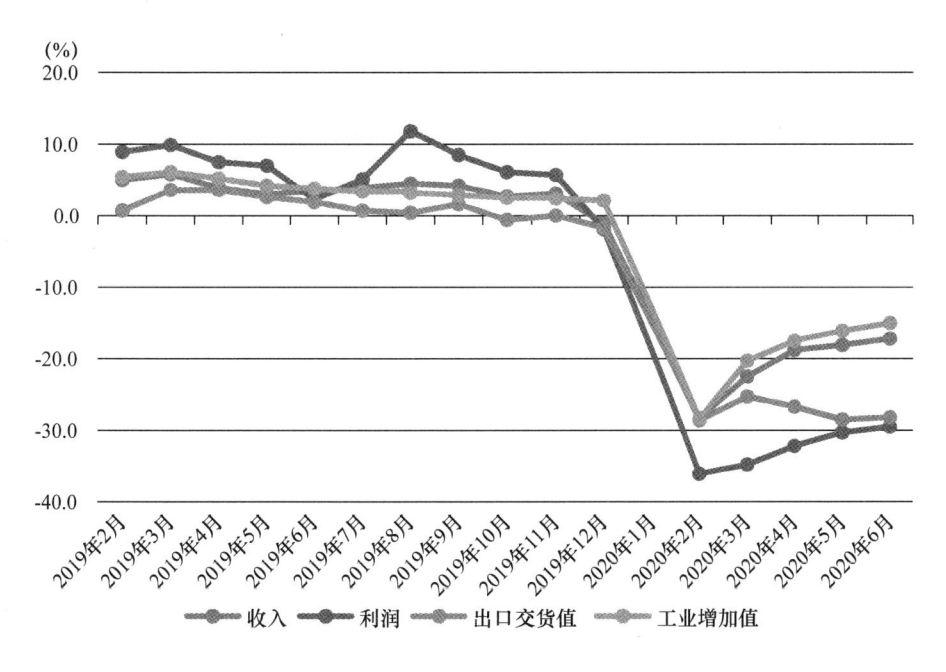

图 2-3 皮革、毛皮、羽毛及其制品和制鞋业主要指标累计增速

数据来源：国家统计局网站。

2020年，受新冠肺炎疫情影响，食品行业生产呈现分化发展态势。从工业增加值来看，2020年，农副食品加工业，酒、饮料和精制茶制造业工业增加值同比分别下降1.5%和2.7%，降幅较上半年均收窄3.4个百分点；食品制造业，烟草制造业工业增加值同比增长1.5%和3.2%，食品制造业增速实现正增长，烟草制造业增速较上半年减少3.2个百分点。从利润来看，2020年，农副食品加工业，食品制造业，酒、饮料和精制茶制造业，烟草制造业利润同比分别增长5.9%、6.4%、8.9%和25.4%，增速较上半年分别加快-8.9个、2.4个、11.8个和1.2个百分点。从出口

交货值来看，2020年，农副食品加工业，食品制造业，酒、饮料和精制茶制造业，烟草制造业出口交货值同比分别下降10%、7.8%、12.9%和55.2%，降幅较上半年分别扩大5.8个、6.7个、2个和10.8个百分点。

表2-8　食品行业主要指标累计增速　　　　单位:%

	农副食品加工业				食品制造业			
	收入	利润	出口交货值	工业增加值	收入	利润	出口交货值	工业增加值
2019年2月	4.4	-5.5	2.8	6.3	6.9	11.2	7.6	6.0
2019年3月	5.9	-4.7	5.5	6.1	6.5	18.9	8.0	5.4
2019年4月	4.8	-4.9	3.3	5.4	5.9	17.7	5.5	5.5
2019年5月	5.3	-3.7	3.4	5.1	5.8	17.3	4.9	5.2
2019年6月	4.3	-2.0	3.3	4.7	5.5	13.5	3.4	5.5
2019年7月	5.1	0.9	3.0	4.1	6.3	14.6	6.8	5.8
2019年8月	4.8	2.5	2.7	3.6	7.0	12.5	6.8	5.7
2019年9月	4.5	3.5	2.6	3.0	7.0	11.5	4.2	5.6
2019年10月	4.1	5.1	2.4	2.4	6.4	8.7	4.6	5.4
2019年11月	4.8	8.3	2.4	2.1	6.5	11.1	3.4	5.4
2019年12月	4.0	3.9	2.4	1.9	4.2	9.1	6.1	5.3
2020年2月	-10.6	2.2	-11.6	-16.0	-15.0	-33.5	-17.5	-18.2
2020年3月	-6.3	11.2	-6.9	-11.1	-7.8	-27.4	-7.4	-7.9
2020年4月	-1.0	20.0	-4.1	-7.0	-2.5	-13.0	-2.3	-3.3
2020年5月	0.5	19.0	-3.9	-5.5	0.1	-2.5	-1.1	-1.0
2020年6月	0.7	14.8	-4.2	-4.9	1.0	4.0	-1.1	-0.5
2020年7月	1.3	20.1	-3.7	-4.4	1.7	8.5	-0.8	-0.1
2020年8月	1.6	17.7	-4.4	-4.2	1.8	10.8	-2.0	0.0

续表

	农副食品加工业				食品制造业			
	收入	利润	出口交货值	工业增加值	收入	利润	出口交货值	工业增加值
2020年9月	2.4	16.7	-4.8	-3.4	2.4	11.9	-1.4	0.8
2020年10月	2.6	14.6	-5.2	-2.5	2.0	10.0	-0.8	1.3
2020年11月	2.3	8.9	-8.5	-1.9	2.0	6.0	-5.9	1.4
2020年12月	2.2	5.9	-10.0	-1.5	1.6	6.4	-7.8	1.5

	酒、饮料和精制茶制造业				烟草制品业			
	收入	利润	出口交货值	工业增加值	收入	利润	出口交货值	工业增加值
2019年2月	7.7	23.3	-0.2	6.4	13.0	18.2	2.5	15.0
2019年3月	7.4	20.7	-12.9	6.1	14.2	24.4	-11.1	12.4
2019年4月	5.6	18.1	2.5	5.6	11.4	29.4	12.9	11.8
2019年5月	5.8	17.9	5.0	5.5	10.0	23.9	8.1	10.2
2019年6月	6.4	16.9	1.8	6.5	10.0	28.7	-0.9	9.1
2019年7月	6.4	17.5	2.8	6.2	10.0	29.2	-0.3	8.6
2019年8月	6.9	17.6	3.7	6.0	9.9	23.6	2.1	7.8
2019年9月	6.9	17.2	-1.6	6.3	8.3	21.5	4.8	7.0
2019年10月	7.1	17.6	-3.6	6.1	8.3	19.3	7.2	6.6
2019年11月	6.7	17.4	-2.2	6.0	7.8	12.1	4.9	5.0
2019年12月	5.0	10.2	-1.0	6.2	6.1	1.3	3.0	5.2
2020年2月	-19.9	-21.9	-11.0	-23.6	9.0	31.5	25.6	6.9
2020年3月	-15.6	-11.2	12.4	-14.7	7.7	28.5	-10.9	9.6
2020年4月	-11.6	-8.9	-7.2	-11.0	7.8	22.6	-26.3	7.3
2020年5月	-9.3	-9.6	-11.0	-8.1	6.6	28.1	-42.1	5.6
2020年6月	-6.4	-2.9	-10.9	-6.1	5.9	24.2	-44.4	6.4
2020年7月	-5.4	-1.0	-12.9	-5.4	5.5	22.8	-44.4	5.8
2020年8月	-5.1	-0.5	-15.1	-5.2	4.6	26.7	-48.1	5.2
2020年9月	-3.5	4.4	-11.1	-4.3	5.1	26.6	-50.4	5.1
2020年10月	-3.1	5.1	-8.0	-3.7	4.3	28.3	-53.2	4.0
2020年11月	-2.7	5.6	-10.8	-3.2	3.3	33.3	-53.9	3.6
2020年12月	-2.6	8.9	-12.9	-2.7	3.1	25.4	-55.2	3.2

数据来源：国家统计局网站。

本次新冠肺炎疫情对全球宏观经济及各大行业均

产生了较大的冲击,医药制造业作为抗疫主力,面临疫情挑战的同时也收获了抗疫领域爆发式增长,有效对冲了新冠肺炎疫情对行业的整体影响。2020年,医药制造业工业增加值同比增长5.9%,增速较上半年加快4.1个百分点;利润同比增长12.8%,增速较上半年加快10.7个百分点;出口交货值同比增长36.6%,增速较上半年加快8.3个百分点。特别是第二季度以后,由于国际疫情防控形势严峻,中国向欧美等国出口防疫物资规模扩大,医药制造业出口交货值显著增长(如图2-4所示)。

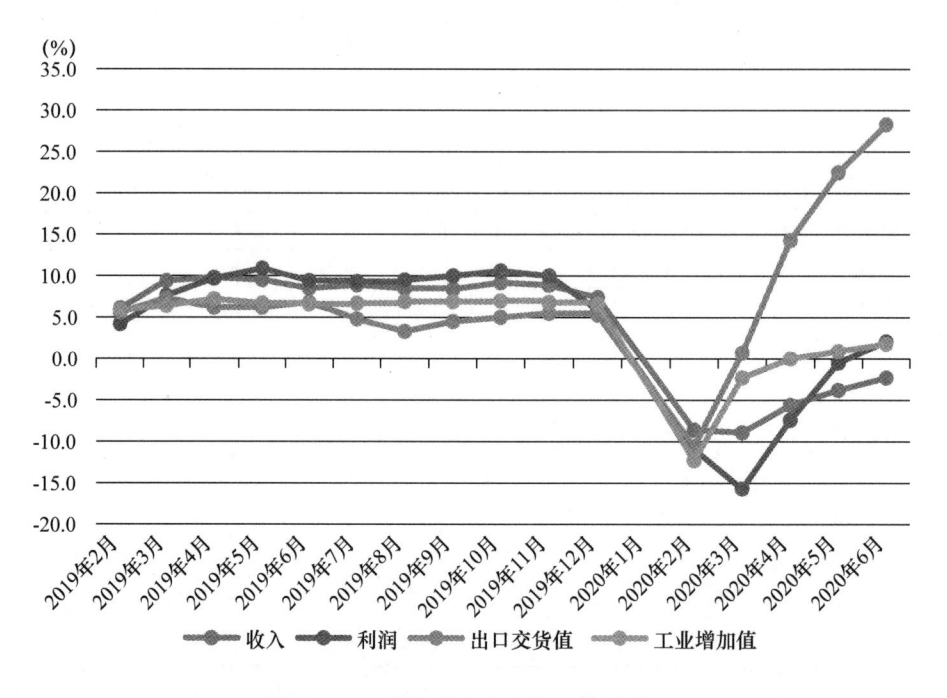

图2-4 医药制造业主要指标累计增速

数据来源:国家统计局网站。

三 2020年工业经济运行区域分析

受复杂的国内外环境尤其是新冠肺炎疫情的冲击，2020年中国区域工业经济运行形势波动较大，但后期工业经济稳步恢复向好。区域工业经济运行呈现新旧动能转换增强、主导产业快速发展、工业企业投资增势强劲、减税降费显著减轻企业成本压力、工业企业质量效益持续提升、工业生产者价格持续下降等特点。当然，目前区域工业企业仍面临企业产品销售率有所下滑、出口交货值增幅放缓、传统产业转型升级压力大等问题。

（一）当前区域工业经济运行特点

1. 东北地区工业增长显著

四大板块工业经济发展总体上保持稳定向好趋势，尽管第一季度受新冠肺炎疫情冲击造成较大震荡，但第二季度开始四大板块工业生产均实现由降转增，尤其是第四季度工业生产增速相对更为显著。从四大板块规模以上工业增加值增速看，东部地区工业增加值波动较大，四大板块中增速的最低点和最高点均位于东部地区，由2020年1—2月增速下降16.9%增至12月的8.8%，提升了25.7个百分点；中部地区第四季度工业增加值增速较为显著，特别是在12月达到最高点，增速为6.9%，较1—2月提升了23.6个百分点；相比其他版块，西部地区工业增加值增速波动幅度较小，1—2月增速下降7.6%，为增速最低点，而10月达到增速最高点（6.1%），提升了13.7个百分点；东北地区工业增加值增速在9月达到最高点，增速为8.5%，较1—2月提升了20.0个百分点。总体上，东北地区工业经济增速高于东部、中部和西部地区，东北地区规模以上工业增加值增速从3月开始实现正增长，增速为7.1%，除此之外，5月、9月和12月也均实现7.0%以上的增长，增速分别为7.0%、8.5%、8.3%。东部地区工业经济增速也相对较为明显，尽管第一季度受冲击较大，但9—12月增速均实现7.5%以上的增长，增速分别为8.0%、7.6%、8.8%、8.8%。

从2020年上半年四大板块各省市的工业增加值增速看，东部、中部和西部地区均有负增长的省份，而东北地区均呈正增长趋势。具体来看，东部地区中，江苏、浙江规模以上工业增加值增速较高，分别为

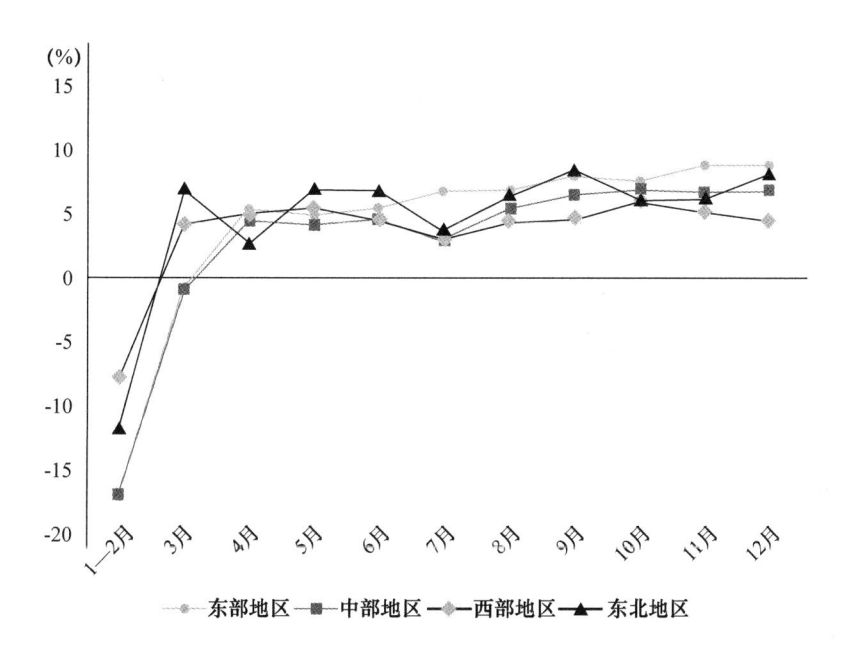

图 3-1　2020 年四大板块规模以上工业增加值增速

6.1%、5.4%，而海南规模以上工业增加值增速较低，较江苏、浙江两地分别低 10.6 个、9.9 个百分点；中部地区中安徽、山西规模以上工业增加值增速较高，分别为 6.0%、5.7%，而湖北由于受新冠肺炎疫情的影响，其规模以上工业增加值增速呈现负增长趋势，增速下降 6.1%，较安徽、山西两地分别低 12.1 个、11.8 个百分点；西部地区中，拥有 3 个省份的规模以上工业增加值增速位居全国前五位，其中西藏的增速位居全国首位，新疆位居第二位，甘肃位居第四位，增速分别为 9.6%、6.9%、6.5%，而青海规模以上工业增加值增速呈现负增长，下降 0.2%，较西藏、新疆、甘肃三地分别低9.8个、7.1个、6.7个百分点；东北地区中，吉林规模以上工业增加值增速较快，为6.9%，较增速较低的黑龙江、辽宁分别高3.6个、5.1个百分点。

2. 中西部地区工业新旧动能转换增强

随着创新驱动战略的深入实施，区域新动能加速培育壮大，尤其是战略性新兴产业和高技术制造业生产不断加快，呈现快速增长趋势，为经济增长注入了新活力。新兴产业增势明显，对区域工业经济发展的支撑作用较为显著。高技术制造业、战略新兴产业、装备制造业等产业增势良好，在行业中比重不断加大，创新驱动效应不断显现。如江苏、江西、重庆、湖北高技术制造业占规模以上工业增加值的比重分别为46.5%、38.2%、19.1%、10.2%，江西战略性新兴产业、装备制造业占规模以上工业增加值的比重分别为22.1%、28.5%；浙江、重庆、云南规模以上高技术制造业分别拉动规模以上工业增加值增长5.5个、2.2个、1.1个百分点，浙江战略新兴产业拉动规模以上工业增加值增长3.1个百分点，浙江、湖南、山东装备制造业分别拉动规模以上工业增加值增长4.3个、3.2个、2.9个百分点。

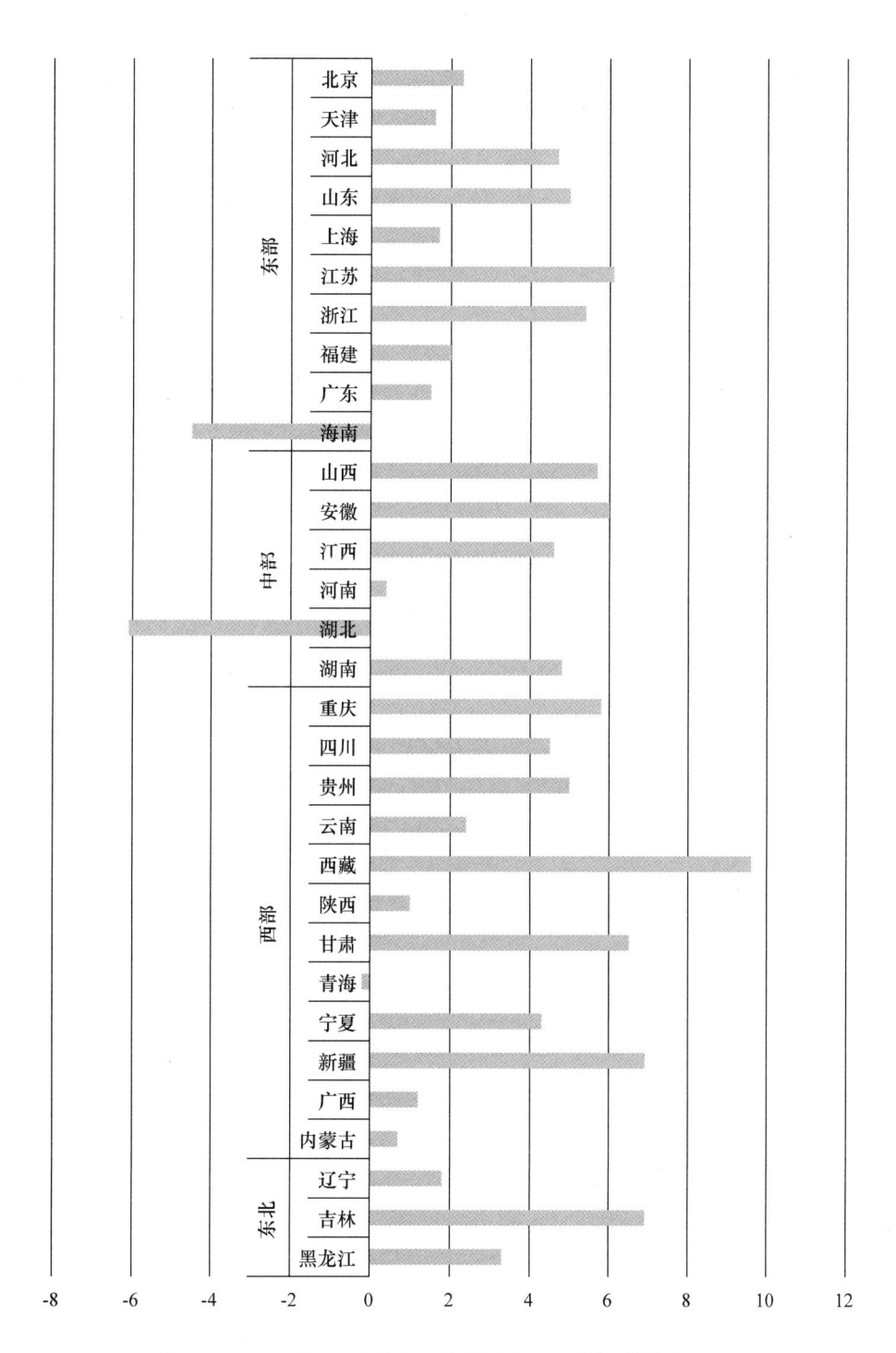

图 3-2 2020 年 31 个省市区规模以上工业增加值增速（%）

从高技术制造业看，东部地区中，北京、天津、河北、山东、江苏、浙江、福建高技术制造业增加值比上年分别增长9.5%、4.6%、6.6%、9.8%、10.3%、15.6%、8.0%，增速分别比规模以上工业平均水平高7.2个、3.0个、1.9个、4.8个、4.2个、10.2个、6.0个百分点；中部地区中，山西、安徽、江西、河南、湖北、湖南高技术制造业增加值比上年分别增长9.6%、16.4%、11.2%、8.9%、4.1%、16%，增速分别比规模以上工业平均水平高3.9个、10.4个、6.6个、8.5个、10.2个、11.2个百分点；西部西区中重庆、四川、云南、陕西、甘肃、新疆、内蒙古高技术制造业增加值比上年分别增长13.3%、11.7%、18.8%、16.1%、22.0%、25.0%、16.4%，增速分别比规模以上工业平均水平高7.5个、7.2个、16.4个、15.1个、15.5个、18.1个、15.7个百分点。

从战略性新兴产业看，东部地区中，北京、天津、河北、上海、江苏、浙江战略性新兴产业增加值比上年分别增长9.2%、4.4%、7.8%、8.9%、8.9%、9.7%，增速分别比规模以上工业平均水平高6.9个、2.8个、3.1个、7.2个、2.8个、4.3个百分点；中部地区中，安徽、江西战略性新兴产业增加值比上年分别增长18%、6.6%，增速分别比规模以上工业平均水平高 12.5 个、2.0 个百分点；西部西区中重庆、陕西、甘肃、新疆战略性新兴产业增加值比上年分别增长 13.5%、14.7%、14.9%、20.5%，增速分别比规模以上工业平均水平高 7.7 个、13.7 个、8.4 个、13.6 个百分点。

从装备制造业看，东部地区中，浙江规模以上工业装备制造业增加值比上年增长 10.8%，增速比规模以上工业平均水平高 5.4 个百分点；中部地区中，江西、湖南规模以上工业装备制造业增加值比上午分别增长 9.4%、10.4%，增速分别比规模以上工业平均水平高 4.8 个、5.6 个百分点；西部地区中，甘肃、内蒙古规模以上工业装备制造业增加值分别比上年增长 22.0%、38.1%，增速分别比规模以上工业平均水平高 15.5 个、37.4 个百分点；东北地区中，吉林、黑龙江规模以上工业装备制造业增加值比上年增长 8.4%、13.5%，增速比规模以上工业平均水平高 1.5 个、10.2 个百分点。

3. 区域工业主导产业快速发展

2020 年年初，受新冠肺炎疫情影响，对绝大多数工业企业生产经营产生较大冲击，但随着复工复产措施的逐步推进，各地工业主导产业率先实现快速增长态势。2020 年，东部地区中，北京计算机、通信和其他电子设备制造业，医药制造业，通用设备制造业，汽车制造业，专用设备制造业增加值比上年分别增长14.6%、9.4%、6.1%、5.7%、5.0%；天津电气机械和器材制造业，铁路、船舶、航空航天和其他运输设备制造业，金属制品业，石油和天然气开采业，汽车制造业比上年分别增长22.9%、13.5%、6.8%、6.3%、5.7%；河北生物医药健康产业、新能源产业、信息智能产业、新材料产业比上年分别增长15.0%、13.7%、6.1%、6.2%；山东钢铁行业、食品制造业、专用设备制造业、汽车制造业比上年分别增长7.7%、10.5%、14.6%、23.6%；上海汽车制造业、电子信息产品制造业、生物医药制造业比上年分别增长9.3%、5.3%、2.9%；江苏生物医药、电子及通信设备、智能装备比上年分别增长14.0%、12.2%、10.1%；浙江计算机通信电子、化学原料、医药、专用设备、通用设备、电气机械比上年分别增长21.7%、14.1%、13.6%、11.8%、9.0%、8.5%；福建电子信息、机械装备、石油化工产业分别增长6.6%、1.1%、10.6%；广东医药制造业、化学纤维制造业、纺织业比上年分别增长12.0%、22.5%、7.9%。中部地区中，山西煤炭、炼焦、钢铁、建材、热力燃气比上年分别增长8.4%、6.6%、8.3%、4.5%、6.4%；安徽电子信息、汽车、石油加工、化工比上年分别增长22.4%、15.3%、14.2%、13.5%；河南煤炭开采和洗选业，黑色金属冶炼和压延加工业，计算机、通信和其他电子设备制造业，电力、热力生产和供应业比上年分别增长7.1%、8.5%、35.6%、12.4%；湖北仪器仪表、计算机、医药行业比上年分别增长14.6%、4.4%、1.1%；湖南计算机及办公设备制造业、电子及通信设备制造业、医疗仪器设备及仪器仪表制造业比上年分别增长48.2%、20.8%、13.8%。西部地区中，重庆汽车、电子、材料产业比上年分别增长10.1%、13.9%、7.1%；四川计算机、通信和其他电子设备制造业，电气机械和器材制造业，石油和天然气开采业，非金属矿物制品业，电力、热力生产和供应业比上年分别增长17.9%、13.4%、12.2%、6.3%、6.3%；贵州黑色金属冶炼和压延加工业、有色金属冶炼和压延加工业、金属制品业、汽车制造业、电气机械和器材制造业比上年分别增长16.7%、16.3%、13.3%、11.6%、11.6%；云南计算机、通信和其他电子设备制造业，有色金属冶炼和压延加工业，黑色金属冶炼和压延加工业比上年分别增长43.1%、11.5%、11.8%；陕西计算机、通信和其他电子设备制造业，电气机械和器材制造业，汽车制造业比上年分别增长37.4%、16.5%、7.4%；青海电力热力生产和供应业、有色金属冶炼和压延加工业、煤炭开采和洗选业、有色金属矿采选业比上年分别增长11.1%、14.1%、4.5%、10.1%；宁夏机械、医药、电力行业比上年分别增长29.4%、5.1%、4.6%；新疆煤炭开采和洗选业，电力、热力生产和供应业，非金属矿物制品业，石油和天然气开采业比上年分别增长17.6%、17.2%、9.0%、7.2%；广西黑色金属冶炼和压延加工业、有色金属冶炼和压延加工业、非金属矿物制品业比上年分别增长34.8%、21.9%、10.6%；内蒙古专用设备制造业、冶金建材工业比上年分别增长64.4%、10.6%。东北地区中，辽宁纺织业、农副食品加工业、化学原料及化学制品制造业、黑色金属矿采选业比上年分别增长21.7%、11.7%、10.5%、8.9%；吉林汽车制造业、食品产业、医药产业、冶金建材产业比上年分别增长12.8%、1.3%、1.9%、11.4%；黑龙江通用设备制造业、汽车制造业、电气机械和器材制造业比上年分别增长38.7%、35.5%、22.2%。

从主要工业产品产量看，2020年，东部地区中，北京汽车、手机等产品产量比上年分别增长1.9%、18.5%；天津医用口罩、医疗仪器设备及器械、服务机器人、新能源汽车、集成电路等产品产量比上年分别增长27.7倍、1.2倍、1.6倍、70.3%、28.5%；

河北生产集成电路、新能源汽车、工业机器人、太阳能电池等产品产量比上年分别增长6.6倍、25.3%、26.5%、21.7%；山东光电子器件、服务器、碳纤维、工业机器人等产品产量比上年分别增长24.8%、35.3%、129.5%、24.9%；上海新能源汽车、服务器、3D打印设备等产品产量比上年分别增长1.9倍、25.4%、23.2%；江苏工业机器人、集成电路、新能源汽车、挖掘机等产品产量比上年分别增长3.4%、22.1%、35.8%、43.2%；浙江新能源汽车、碳纤维及其复合材料、光缆、工业机器人、太阳能电池等产品产量比上年分别增长77.7%、58.7%、50.8%、43.6%、39.3%；福建汽车、集成电路、彩色电视机等产品产量比上年分别增长11.4%、37.5%、68.2%；广东口罩、3D打印设备、风力发电机组、工业机器人、计算机工作站、新能源汽车等产品产量比上年分别增长3340.6%、144.8%、135.5%、48.5%、47.4%、27.6%；海南汽车、铁矿石、合成纤维聚合物PET等产品产量比上年分别增长251.8%、41.1%、12.8%。中部地区中，山西化学药品原药、光伏电池、石墨及碳素制品、手机、钢材等产品产量比上年分别增长38.8%、35.8%、21.7%、21.4%、10.6%；安徽钢材、汽车、太阳能电池、服务机器人、微型计算机设备、集成电路等产品产量比上年分别增长

14.3%、23.8%、78.1%、55%、37.4%、13.5%；河南光电子器件、传感器、发动机、锂离子电池等产品产量比上年分别增长89.2%、73.3%、40.3%、32.7%；湖北光纤、锂离子电池、电子计算机整机、印制电路板等产品产量比上年分别增长4.9%、2.9%、36.1%、4.9%；湖南服务器、集成电路、传感器、工业机器人、锂离子电池等产品产量比上年分别增长2.3倍、1.8倍、50%、46%、45.4%。西部地区中，重庆智能手表、3D打印设备、集成电路、液晶显示屏、工业机器人等产品产量比上年分别增长64.6%、28.3%、34.9%、28.2%、24.6%；四川天然气、发电设备、汽车、电子计算机整机等产品产量比上年分别增长12.0%、32.9%、14.3%、14.2%；贵州口罩、智能电视、汽车等产品产量比上年分别增长457.1倍、48.6%、38.9%；云南火电、成品钢材、糖、平板玻璃等产品产量比上年分别增长30.3%、13.7%、9.4%、39.9%；西藏中成药、水泥等产品产量比上年分别增长25.9%、0.4%；陕西天然气、汽车、3D打印设备、太阳能电池等产品产量比上年分别增长9.5%、14.9%、19.1%、65.6%；青海铝材、原盐、多晶硅、太阳能电池、粗钢等产品产量比上年分别增长29.6%、19.4%、11.9%、8.6%、8.1%；宁夏钢材、化学肥料、精甲醇、饲料、工业机器人、数控机床等产品产量比上年分别增长57.4%、49.6%、18.8%、32.3%、26.5%、36.7%；新疆发电量、原煤、天然气等产品产量比上年分别增长11.8%、9.3%、8.3%；广西铝材、钢材、化学药品原药、十种有色金属等产品产量比上年分别增长24.7%、24.4%、13.7%、12.9%；内蒙古粗钢、钢材、单晶硅、石墨及碳素制品等产品产量比上年分别增长12.3%、12.5%、93.3%、20.4%。东北地区中，辽宁集成电路、城市轨道车辆、稀土磁性材料、光缆等产品产量比上年分别增长49.3%、23.6%、21.8%、16.1%；吉林化学纤维、改装车辆、大米、精制食用植物油、饲料、电子元件等产品产量比上年分别增长24.9%、280.4%、8.8%、8.8%、13.4%、84.4%；黑龙江锂离子电池、生物质发电等产品产量比上年分别增长49.9倍、11.1%。

4. 工业投资增势呈现区域分化

工业领域投资是多数地区投资快速增长的主要动力。东部地区中，上海、福建、海南工业投资比上年分别增长15.9%、0.7%、25.0%，增幅分别高于全部投资5.6个、1.1个、17.0个百分点；浙江工业投资比上年增长6.7%，比全部投资增速低1.3个百分点。中部地区中，山西、湖南工业投资比上年分别增长

16.4%、11.4%，增幅分别高于全部投资5.8个、3.8个百分点；江西工业投资比上年增长8.0%，比全部投资增速低0.2个百分点；安徽工业投资比上年下降4.3%，降幅比前三季度收窄4.7个百分点，比全部投资增速低9.4个百分点。西部地区中，重庆、四川、贵州、宁夏工业投资比上年分别增长5.8%、10.7%、11.8%、15.7%，增幅分别高于全部投资1.9个、0.8个、8.6个、11.7个百分点。

区域新兴产业投资力度持续加大，尤其是高技术制造业投资总体上保持快速增长趋势，加快工业新动能投资集聚。东部地区中，北京、天津、山东、江苏、福建高技术制造业投资比上年分别增长87.7%、3.3%、38.1%、4.5%、16.2%，比第二产业投资增速分别高59.7个、1.7个、30.1个、9.6个、15.5个百分点；中部地区中，山西、安徽、河南高技术制造业投资比上年分别增长37.0%、9.7%、24.3%，比第二产业投资增速分别高20.4个、14.0个、21.8个百分点，而湖北高技术制造业投资下降9.4%，降幅收窄72.1个百分点；西部地区中，重庆、宁夏、广西、内蒙古高技术制造业投资比上年分别增长23.4%、60.4%、20.4%、26.1%，比第二产业投资增速分别高17.5个、44.8个、11.0个、26.5个百分点；东北地区中，辽宁、黑龙江高技术制造业投资比上年分别增长33.4%、13.7%，比第二产业投资增速分别高38.5个、14.5个百分点。

5. 减税降费显著减轻企业成本压力

为做好疫情防控和推动企业复工复产，各地纷纷出台纾困惠企系列政策，缓解企业用工成本压力，对减轻企业负担效果明显，为实体经济稳定发展发挥了有力支撑作用。相比其他区域，东部地区的减税降费力度较大，其中，广东前11个月新增减税降费达到2821亿元，全年预计超过3000亿元，江苏、浙江、北京等省市全年新增减税降费超过2000亿元，山东全年新增减税降费超过1000亿元，河北、福建、天津、上海全年新增减税降费超过500亿元。中部地区中，湖北、河南、安徽、湖南全年新增减税降费超过500亿元，分别为866.02亿元、718.56亿元、622.5亿元、530.6亿元[①]。西部地区中，陕西、重庆全年新增减税降费超过500亿元，四川、广西、云南、内蒙古全年新增减税降费超过300亿元。东北地区中，吉林全年降本减负超过800亿元，辽宁为588.9亿元，黑龙江为267.7亿元[②]。

区域工业企业成本持续下降，企业经营压力有所

---

① 湖北、河南、安徽、湖南为2020年1—11月数据。
② 辽宁为2020年1—11月数据，黑龙江为2020年1—9月数据。

缓解。从工业企业成本看，东部地区中，北京、天津、河北、山东、浙江、福建、海南规模以上工业企业每百元营业收入中的成本费用比上半年分别减少1.2元、0.27元、0.34元、0.4元、0.34元、0.75元、0.74元[①]。中部地区中，安徽、山西规模以上工业企业每百元营业收入中的成本费用分别为85.3元、81.97元，比上半年分别减少0.9元、0.69元[②]；湖南规模以上工业企业每百元营业收入中的成本费用为81.36元，比上年减少0.37元。西部地区中，贵州、内蒙古规模以上工业企业每百元营业收入中的成本费用分别为72.87元、80.2元，比上年分别减少2.02元、0.1元[③]，分别低于全国平均水平11.21元、3.88元；四川、青海规模以上工业企业每百元营业收入中的成本费用尽管比上年略有增加，但均低于全国平均水平，分别为0.89元、1.06元。东北地区中，辽宁规模以上工业企业每百元营业收入中的成本费用为84.83元，比上年减少0.09元。

6. 中部地区工业经济效益改善明显

区域工业企业效益持续改善，总体上呈恢复性增

[①] 北京、天津、河北为2020年1—9月数据，福建为2020年1—11月数据。

[②] 安徽为2020年1—11月数据。

[③] 贵州、内蒙古为2020年1—11月数据。

长态势，企业盈利能力有所增强。从规模以上工业企业实现营业收入看，东部地区中，北京、河北、山东规模以上工业企业实现营业收入分别为23283.5亿元、42110.1亿元、75312.2亿元，比上年分别增长2.1%、2.2%、1.6%；中部地区安徽、江西、湖南规模以上工业企业实现营业收入分别为37925.9亿元、37909.2亿元、38339.9亿元，比上年分别增长3.6%、7.9%、4.6%；西部地区中，四川、甘肃规模以上工业企业实现营业收入分别为45250.1亿元、6494.2亿元，比上年分别增长5.5%、9.4%。① 此外，尽管仍有部分省市工业企业营业收入出现下滑现象，但其降幅明显收窄。如，东部地区中，海南规模以上工业企业实现营业收入2089.61亿元，比上年下降9.7%，降幅较1—2月收窄4.3个百分点；中部地区中，山西规模以上工业企业实现营业收入18340.7亿元，下降2.9%，降幅较1—2月收窄14.1个百分点；东北地区中，辽宁规模以上工业企业实现营业收入26074.2亿元，比上年下降4.1%，降幅比前三季度收窄0.4个百分点。②

从规模以上工业企业实现利润总额看，东部地区中，北京、山东、江苏、浙江规模以上工业企业实现

---

① 山东、甘肃为2020年1—11月数据。
② 山西、辽宁为2020年1—11月数据。

利润总额分别为1785亿元、3699.6亿元、6522.2亿元、5545亿元，比上年分别增长5.5%、13.1%、9.6%、14.7%；中部地区中，安徽、江西、湖南规模以上工业企业实现利润总额分别为2294.2亿元、2438.1亿元、2032.66亿元，比上年分别增长5.1%、12.2%、8.7%；西部地区中，四川、贵州、甘肃规模以上工业企业实现利润总额分别为3197.7亿元、952.98亿元、279.6亿元，比上年分别增长13.4%、12.6%、10.4%；东北地区中，辽宁规模以上工业企业实现利润总额1352.8亿元，比上年增长4.6%，增速提高13.7个百分点①。此外，东部地区中，河北、福建、海南规模以上工业企业实现利润总额分别为2038.1亿元、3101.95亿元、132.2亿元，比上年分别下降1.4%、9.7%、23.6%，其中福建降幅比上半年收窄2.4个百分点、海南降幅比第三季度收窄8.5个百分点；中部地区中，湖北规模以上工业企业利润总额比上年下降9.1%，降幅比1—10月收窄4.6个百分点；西部地区中，宁夏规模以上工业企业实现利润总额205.2亿元，比上年下降1.4%，降幅比1—3月收窄45.8个百分点。②

---

① 辽宁为2020年1—11月统计数据。
② 江苏、福建、湖北、贵州、甘肃、宁夏为2020年1—11月统计数据。

从规模以上工业企业营业收入利润率看,东部地区中,北京、山东、江苏、浙江、广东规模以上工业企业营业收入利润率分别为 7.7%、5.1%、6%、7.1%、6.3%,比上年分别提升 0.3 个、0.8 个、0.4 个、0.8 个、0.25 个百分点;中部地区中,江西、安徽、湖南、湖北规模以上工业企业营业收入利润率分别为 6.43%、6.05%、5.30%、6.2%,比上年分别提升 0.25 个、0.09 个、0.20 个、0.1 个百分点;西部地区中,四川、广西、青海规模以上工业企业营业收入利润率分别为 7.1%、4.8%、3.9%,比上年分别提升 0.5 个、0.5 个、26.6 个百分点;东北地区中,辽宁规模以上工业企业营业收入利润率为 4.4%,比上年提升 0.01 个百分点。[①]

7. 中西部地区工业价格指数倒挂

从 31 个省份工业生产者价格来看,2020 年,工业生产者购进价格指数和工业生产者出厂价格指数均呈现低位运行态势,总体上均低于上年的平均降幅水平。"低进高出"价格现象仍是大多数省份的发展趋势,如,东部地区除福建之外均呈现这一状态,而"高进低出"价格倒挂现象在西部和东北地区较为显著。具体的,在"低进高出"价格现象中,东部地区中,广东、海南、上海、江苏工业生产者出厂价格比上年分别下降

---

① 湖北、广西为 2020 年 1—11 月数据。

1.0%、6.2%、1.7%、2.2%，工业生产者购进价格比上年分别下降2.8%、8.0%、3.1%、3.5%，工业生产者出厂价格降幅比购进价格降幅分别低1.8个、1.8个、1.4个、1.3个百分点；中部地区中，湖北、安徽、湖南工业生产者出厂价格比上年分别下降0.9%、0.9%、1.0%，工业生产者购进价格比上年分别下降1.6%、0.9%、1.1%，工业生产者出厂价格降幅比购进价格降幅分别低0.7个、0.6个、0.1个百分点；西部地区中，宁夏、广西、四川、青海、内蒙古工业生产者出厂价格比上年分别下降3.1%、0.6%、1.2%、3.4%、0.3%，工业生产者购进价格比上年分别下降5.3%、1.5%、1.9%、3.9%、0.5%，工业生产者出厂价格降幅比购进价格降幅分别低2.2个、0.9个、0.7个、0.5个、0.2个百分点。在"高进低出"价格倒挂现象中，东部地区中，福建工业生产者出厂价格、购进价格比上年分别下降1.6%、1.4%，工业生产者出厂价格降幅比购进价格降幅高0.2个百分点；中部地区中，江西、山西、河南工业生产者出厂价格比上年分别下降1.7%、3.3%、0.8%，工业生产者购进价格比上年分别下降0.3%、2.8%、0.6%，工业生产者出厂价格降幅比购进价格降幅分别高1.4个、0.5个、0.2个百分点；西部地区中，陕西、新疆、重庆、贵州、甘肃工业生产者出厂价格比上年分别下降4.9%、8.4%、0.9%、

1.7%、6.1%,工业生产者购进价格比上年分别下降2.4%、6.6%、0.1%、1.4%、5.9%,工业生产者出厂价格降幅比购进价格降幅分别高2.5个、1.8个、0.8个、0.3个、0.2个百分点;东北地区中,辽宁、吉林工业生产者出厂价格比上年分别下降3.0%、1.4%,工业生产者购进价格比上年分别下降1.8%、1.3%,工业生产者出厂价格降幅比购进价格降幅分别高1.2个、0.1个百分点。

表3-1　　　　2020年31个省份工业生产者价格涨跌幅　　　　单位:%

区域		工业生产者出厂价格	工业生产者购进价格
东部地区	北京	-0.9	-1.0
	天津	-2.9	-3.1
	河北	-1.5	-1.6
	山东	-1.9	-2.5
	上海	-1.7	-3.1
	江苏	-2.2	-3.5
	浙江	-3.1	-4.1
	福建	-1.6	-1.4
	广东	-1.0	-2.8
	海南	-6.2	-8.0
中部地区	山西	-3.3	-2.8
	安徽	-0.9	-1.5
	江西	-1.7	-0.3
	河南	-0.8	-0.6
	湖北	-0.9	-1.6
	湖南	-1.0	-1.1

续表

区域		工业生产者出厂价格	工业生产者购进价格
西部地区	重庆	-0.9	-0.1
	四川	-1.2	-1.9
	贵州	-1.7	-1.4
	云南	-1.4	/
	西藏	/	/
	陕西	-4.9	-2.4
	甘肃	-6.1	-5.9
	青海	-3.4	-3.9
	宁夏	-3.1	-5.3
	新疆	-8.4	-6.6
	广西	-0.6	-1.5
	内蒙古	-0.3	-0.5
东北地区	辽宁	-3	-1.8
	吉林	-1.4	-1.3
	黑龙江	/	/

注:"/"为数据缺失。

（二）当前面临的主要困难

1. 区域工业企业产品销售率有所下滑

由于受国际市场经济衰退和新冠肺炎疫情的双重叠加影响，致使国内工业企业生产出现供大于需，大部分地区工业企业产销率呈现下降趋势。具体地，东部地区中，北京、上海、福建、广东规模以上工业企业产品销售率分别为98.7%、99.4%、96.53%、97.48%，比上年同期分别回落0.1个、0.5个、0.71

个、0.34个百分点；中部地区中，湖南、湖北、河南、山西、江西规模以上工业企业产品销售率分别为98.25%、97.3%、98.3%、97.67%、99.0%，比上年同期分别回落0.21个、0.1个、0.1个、1.01个、0.4个百分点；西部地区中重庆、四川、贵州、青海规模以上工业企业产品销售率分别为97.5%、98.2%、95.8%、99.1%，比上年同期分别回落0.1个、0.3个、1.7个、0.2个百分点[①]；东北地区中，辽宁规模以上工业企业产品销售率为98.5%，比上年同期下降0.3个百分点。

2. 东部地区工业出口放缓显著

随着全球贸易摩擦加剧，海外市场需求低迷，工业企业出口量较大的地区受到冲击严重，区域工业出口交货值增速低位运行。东部地区中，天津、上海、广东、福建全年规模以上工业出口交货值分别下降5.6%、0.6%、3.7%、6.6%，比全国平均水平分别低5.3个、0.3个、3.4个、6.3个百分点；中部地区中，湖北全年规模以上工业出口交货值下降0.4%，比全国平均水平低0.1个百分点；西部地区中，广西全年规模以上工业出口交货值下降6.5%，比全国平均水平低6.2个百分点；东北地区中，辽宁全年规模以上

[①] 重庆为2020年1—11月数据。

工业出口交货值下降18.5%，比全国平均水平低18.2个百分点。此外，当前也有部分省份的工业产品出口逐步好转，但工业出口交货值增速仍需进一步提升。例如，2020年，江苏、浙江规模以上工业出口交货值分别增长0.7%、0.5%。

3. 部分地区高耗能产业出现反弹趋势

区域工业企业仍面临传统产业比重偏高、高耗能行业规模偏大等问题。特别是部分地区的传统产业仍占近半比重，如浙江17个传统制造业增加值比上年增长2.3%，利润增长14.6%，对规模以上工业利润增长的贡献率为59.1%；河南传统产业增加值比上年增长2.5%，占规模以上工业的46.2%。此外，大部分地区高耗能工业出现强势反弹趋势，在地区工业发展中仍占较高比重，能耗利用效率仍有待提升。如山东高耗能行业能耗与上年基本持平，占规模以上工业的比重为78.8%，提高1.1个百分点；湖南、湖北高耗能产业增加值占规模以上工业比重分别为28.5%、29.2%；吉林规模以上工业中高耗能产业增加值增长4.9%；贵州、云南、陕西、宁夏、黑龙江规模以上工业企业综合能源消费量比上年分别增长0.3%、9.5%、3.0%、3.1%、1.7%[①]。

---

① 黑龙江为2020年1—11月数据。

四　2021年工业经济增长预测

（一）国内外经济环境分析

2020年，全球大范围内经历了新冠肺炎疫情的冲击，无论是发达经济体还是发展中国家都遭受了不同程度的冲击。这场席卷全球的疫情加速了"百年未有之大变局"的演变。对于发达经济体而言，其内部呈现分化趋势，美国疫情仍在扩散，表现在单日新增新冠确诊病例仍在波动性上升，居民消费和企业生产受到严重的负面影响。欧洲疫情不容乐观，几度沦为新冠肺炎疫情重灾区，多国新增感染数量呈现抬头趋势，疫情封锁期限再次延长，经济大幅下滑。受疫情蔓延影响，欧洲一些国家银行不良贷款激增，企业破产屡见不鲜，失业率居高不下，经济社会面临较大挑战。日本经济整体上依然延续不温不火的态势，失业率仍然处于高位，通缩压力凸显。对于新兴市场和欠发达地区而言，这些国家和地区面临的经济负面冲击将比发达国家更大。例如，印度在2020年经历了大幅度起落，尽管疫情得到控制，国内生产总值（GDP）呈回暖趋势，但就业形势仍然惨淡，短期内消费需求难以恢复，印度政府重建经济面临较大的不确定性。另外，除了新冠肺炎疫情外，新兴市场还受美国新总统上任及美元加息等因素影响，面临货币贬值风险，内部分化显著。总体上，未来一段时期内全球疫情仍将持续，全球经济缺少支撑力，可以预见的是，新冠疫苗将是重启全球经济的关键。随着疫情逐步得到控制、新冠疫苗研发和进程加快，发达国家可能进入大规模的接种流程，整体上率先实现经济修复。新兴市场的研发和量产能力有限，经济复苏会相对落后。因此，预计2021年全球经济整体将呈现缓慢的复苏态势，遭受重大冲击的生产和服务将大幅反弹。对于中国而言，2020年是全面建成小康社会和"十三五"规划收官之年。上半年面对来势凶猛的疫情，党中央、国务院果断部署、精心策划，采取多种措施成功遏制了疫情，推动下半年经济成功实现反弹和修复。中国全年经济增长2.3%，GDP突破100万亿元大关，是从疫情危机中强劲反弹、实现正增长的唯一主要经济体。展望2021年，2021年是"十四五"规划的开局之年，也是贯彻落实新发展理念、服务构建新发展格局的重要时期，中国经济仍将呈现回暖态势。

1. 国际环境分析

从国际经济环境看，截至2021年1月2日，全球累计新冠确诊病例超过8200万，累计死亡病例181.88万。其中，美国累计确诊病例最多，超过2000万人，约占总数的1/4。欧洲不少国家疫情仍在扩散，尤其是英国出现病毒变异，欧洲封锁措施有所加强。相对而言，除印度外，亚太多数地区较为平稳，但在第四季度，韩国和日本疫情有恶化趋势。为了应对新冠肺炎疫情，各国政府大多采取封锁措施，一度导致经济大面积停滞。随着全球疫情步入拐点，多国政府逐渐放松管控，复工复产有序展开。

全球经济受到重创，未来复苏可期。受新冠肺炎疫情较大冲击的影响，多数国家经济为负增长，为1930年以来的最严重的大萧条。根据世界货币组织于10月发布的《世界经济展望》，2020年全球经济萎缩约4.4%，随着疫苗研发的积极推进，预计2021年全球经济会恢复至2019年的水平。世界银行于2021年1月发布的预测数据显示，2020年全球经济萎缩4.3%，其中，发达经济体整体萎缩5.4%，显著高于新兴市场和发展中经济体的2.6%。从新兴市场和发展中经济体内部看，各地区差异较大，其中东亚地区表现抢眼，为正向增长，其余地区均为负向增长,尤其是拉美加勒比地区和南亚地区经济下滑严重,分别下滑6.9%和6.7%,欧洲中亚地区和撒哈拉以南非洲地区次之,分别萎缩2.9%和3.7%。疫情对全球投资需求也造成了较大冲击,与经济表现一样,投资需求萎缩在发达国家中更为严重。2020年,新兴市场和发展中经济体的投资需求下降4.5%,如果不包括中国则下降10.6%。各国不同程度地采取封锁措施直接影响了全球的贸易联系,预计全年全球商品和服务贸易相对于2009年萎缩9.5%。考虑到疫情反复、疫苗接种以及疫情造成的持续影响等不确定性因素,各国复苏步伐不一。预计2021年,全球经济将增长4%,其中,新型市场和发展中经济体经济增幅更大,达5%,发展经济体增长3.3%。几乎所有地区都实现反弹,东亚太平洋地区仍将保持一枝独秀,预计实现7.4%的正增长。对于投资而言,预计2021年,短期内新兴市场和发展中经济体的投资需求起色不明显,但2022年会稳步增长4.3%,中国将贡献其中的1/2。

金融市场整体保持宽松。为应对疫情以及经济下行压力的冲击,主要经济体均出台了相应的货币政策,但这可能对新兴市场造成了不利的外溢影响。从商品市场看,大宗商品价格大多在后半年反弹。以原油为例,国际原油市场在上半年经历了大幅波动。在3月,备受市场关注的OPEC会议中断,沙特与俄罗斯未能达成减产协议，两国之间的市场争夺战使得石油供给大幅增加，国际原油价格出现暴跌，甚至其间国际原油期货合约结算价格出现了史无前例的负值。5月之后，OPEC逐步减产与原油需求有所恢复，油价再度回升至40美元/每桶的区间。全年原油价格均价为41美元/桶，较2019年下降34%（见图4-1）；原油需求大幅下挫，为了保持油价稳定，OPEC削减了原油供给。预计2021年，国际原油价格将稳定在40—50美元/桶的区间。

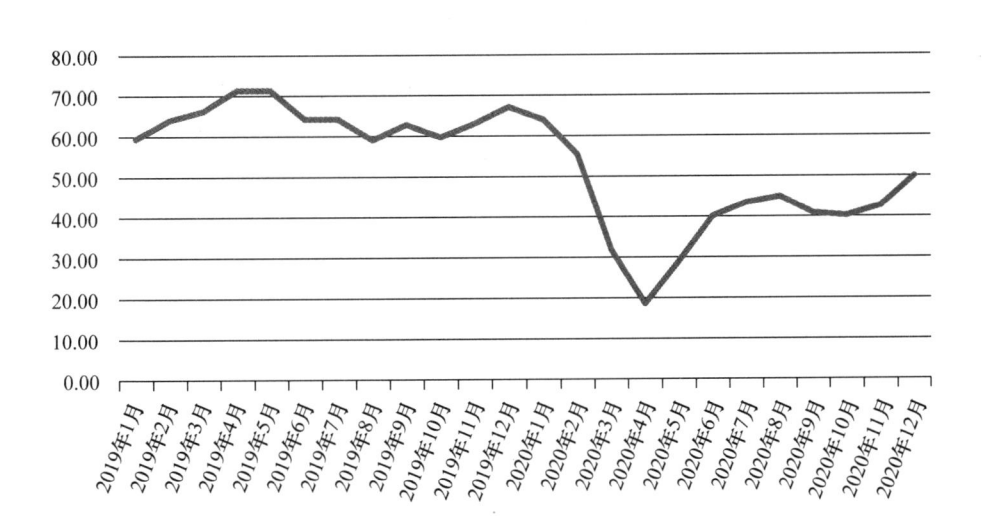

图4-1 布伦特原油价格（美元/桶）

资料来源：Wind数据库。

另外，在多重因素叠加下，全球经济政策不确定性显著增大，如图4-2所示，2020年，经济政策不确定性指数①大致经历了先升后降的波动性过程，于5月

---

① https：//www.policyuncertainty.com/global_monthly.html.

上升至最高点429.43，随后整体呈波动性下降趋势，全年经济政策不确定性指数均值为320.48，较2019年高出25%以上。全球贸易政策不确定性指数持续下降，相对于2019年，2020年贸易政策不确定性指数由154.33降至75.77，降幅超过50%[①]，这表明贸易对全球的增长贡献持续降低。从制造业的状况看，统计数据显示，2020年全球制造业经历了明显的"V"形走势。受疫情的严重冲击，全球PMI指数在3月骤降至45以下，并在4月跌至低于40的谷底，随后逐步回升至疫情前水平。截至2020年12月，全球PMI指数、制造业PMI指数、服务业PMI指数均高于荣枯线水平，反映了全球制造业和服务业活动在不断回暖。

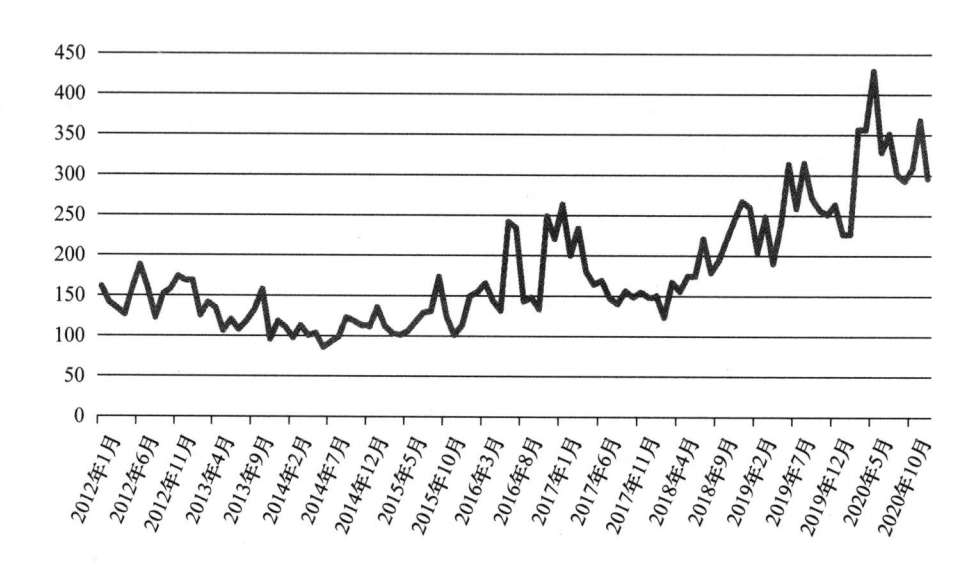

图4-2 全球经济政策不确定性指数

---

① https://www.matteoiacoviello.com/tpu.htm#data.

总体而言，在新冠肺炎疫情的影响下，全球经济仍将继续分化，疫苗研发普及进程将是决定经济复苏快慢的关键。发达国家拥有雄厚的资源优势，可能先于发展中国家率先实现经济复苏，"南北"国家之间的差距将继续扩大。即使经济能够缓慢恢复，但恢复水平可能有限。根据IMF的预测，2021年反弹后，全球增速将在中期放缓至3.5%的增速水平，疫情将加剧不平等现象。

（1）发达国家经济复苏之路崎岖

从美国看，因前期新冠肺炎疫情未得到重视，疫情加速蔓延，全年确诊病例由零上升至超过2000万人，其第二季度经济受到的冲击较为严重。截至2020年12月底，美国疫情仍未得到控制。根据美国商务部数据，美国第四季度GDP增长4%，全年GDP萎缩3.5%，是美国1946年以来损失最惨重的年度数据。值得一提的是，美国第三季度数据增长33.4%，为其GDP数据统计以来的最高增幅。同时，各州经济分化明显，根据美联储的统计数据，在12个联储地区中，有4个地区连续几周无增长，多数州仅出现温和增长。分指标看，2020年美国实际GDP为20.9万亿美元，个人消费包括产品和服务，分别为4.66万亿美元和9.49万美元，两者占比为67%，其中，个人消费的产品增长3.9%，而服务下降明显，为7.3%；投资包括个人投资和政府投资两部分，分别为3.6万亿美元和3.83万亿美元，其中，个人投资下降萎缩5.3%；出口下降13%。综合看，美国经济下行主要来源于个人消费服务、个人投资的下降以及出口的大幅下滑。根据《华盛顿邮报》，美国的技术性衰退很可能已经结束，但经济恢复还需要较长时间。统计数据显示，美国第二季度的私人储蓄增加额为4.69万亿美元，是第一季度的3倍左右，第四季度个人储蓄率仍保持在13.4%的高位。同时，疫情对实体经济的冲击骤然显现，失业率短期内大幅上升，在4月曾飙升至14.7%，为20世纪30年代经济大萧条以来的最高值，随后的两个月内，失业率小幅回落，6月美国失业率环比下降至11.1%，进入下半年，失业率逐步下降，11月失业率相对于前一月下降0.2个百分点，但6.7%的失业率水平仍然远高于2019年3.5%的同期水平。从反映经济景气的指标看，美国非制造业PMI从3月的52.5短期内降至41.8，为10年以来首次降至荣枯线之下，随后一路反弹，6月位于荣枯线之上，12月达到57.7，超过前一年的同期水平，表明美国非制造业活动已经恢复至疫情前水平。另外，上半年，美国制造业也遭受到供应链中断的风险，由于需求下滑而严重萎缩，美国制造业PMI在2020年的前两个月均在50以上，但在3月至5月均低于荣枯线，分别为49.1、41.5、

43.1，于6月开始回升，12月达到60.5，显著高于2019年47.7的同期水平，反映了其制造业强劲复苏的趋势。从制造业PMI分项指数看，制造业的产出和新订单明显回升，均呈现显著的V形走势，分别由4月的低谷27.5、27.1提高至12月的60.7、61.1，同样显著超过2019年的同期水平，其余如就业、客户库存、订单库存等也恢复至荣枯线之上。但消费者信心仍显不足，表现为消费者指数仍在波动，12月为79.0，仍明显低于疫情前水平。此外，从股市的走势看，美国在3月两周内经历了四次熔断。为了应对疫情、保证经济复苏，美联储多次表示维持超低利率政策，并在6月宣布将联邦基金利率目标保持在0至0.25的区间内。在强力的货币政策和财政纾困措施下，纳斯达克指数尽数收复失地，一路直上。预计2021年，美国经济将取决于疫情控制情况，未来一年内经济复苏面临挑战和不确定性。

对于欧洲而言，受新冠肺炎疫情的严重冲击，欧盟和欧元区2020年的萎缩程度比预期更加严重。由于各国经济系统抵御冲击的能力有较大差异，各国经济回暖的进度也有所不同。具体来看，根据欧盟统计局发布的数据，上半年欧洲经济因疫情影响全面陷入技术性衰退，欧盟与欧元区第二季度的国内生产总值分别较上一季度继续萎缩11.7%和12.1%，单季下降幅度是欧盟自1995年有统计以来的最高纪录。其中，西班牙衰退最为严重，下跌21.5%，英国降幅19.8%。服务业较为发达的南欧国家也受到较大冲击。经过"二度"封锁，欧洲疫情得到较好控制，但在下半年又出现反弹。从全年经济看，根据欧盟统计局数据，2020年欧元区19国和欧盟27国GDP分别下滑6.8%和6.4%，尽管在第三季度实现明显反弹，但是第四季度再度陷入负增长，同比分别萎缩5.1%和4.8%。由此，欧元区和欧盟的经济复苏可能会有所延迟。根据国际货币基金组织的预测，欧元区经济增速将于2021年反弹至4.2%，低于全球平均水平。OECD和欧盟委员会也预计欧元区经济会达到5%的水平，尽管如此，欧元区经济产出可能在2022年才会恢复至疫情前的水平。全年西班牙、法国受疫情影响最大，分别下滑11.0%、8.2%，这两个国家也存在政府赤字率和债务水平飙升的可能性；意大利和德国经济分别萎缩5.9%和5.0%，尤其是前者的政府债务率高达157%，值得警惕；英国经济下滑9.9%，创1709年以来最大降幅。其他国家受到的冲击相对较小。值得一提的是，经过多轮激烈谈判，欧盟与英国于12月达成包括贸易在内的一系列合作协议，为英国2020年结束"脱欧"过渡期扫清了障碍。在一系列强刺激政策下，欧洲经济将从后半年起开始复苏，12月欧盟和欧元区的景气指数分别为91.8和92.4，较4月上升了24.7和24.6，表明欧盟和欧元区地区的经济正在回暖，但离疫情前水平仍有一定差距。同时，欧元区的制造业PMI也由4月的最低谷回升至荣枯线之上，并超过前一年的同期水平，服务业PMI指数仍然在荣枯线之下，且不及前一年同期水平，这表明疫情对欧洲服务业的冲击较大。为应对疫情，欧洲各国政府出台了大规模的宽松货币和财政政策，但效果不及美国，并于2021年年初，欧洲央行继续实施总规模1.85万亿欧元的资产购买计划等一揽子宽松货币政策，将持续到2022年3月。截至2020年12月，欧元区的通胀率仍为负值，失业率为8.3%，仍处高位。因此，需求疲软、劳动力市场不振，欧元区通胀水平低迷仍将持续较长时间。展望2021年，欧洲经济已具备大规模接种新冠疫苗的条件，其外部环境预期也将逐步改善，预计经济最早需要两年时间才能恢复至疫情前水平。

日本经济在上半年严重萎缩，各项指标全面下降，后半年尽管有所反弹，但下行压力仍较大。根据日本内务省公布的数据，第一季度其国内生产总值季调数据环比上升1个百分点，但仍表现为负增长，而在第二季度为环比下降7.4个百分点，第三季度实现强劲反弹，全年实际GDP下滑4.8%，好于日本央行发布的经济展望报告中下滑5.6%的预测。根据日本央行预测，2021年，预计其实际GDP将增长3.9%。分具体结构看，由于日本是一个高度依赖出口和全球供应链的国家，其商品与服务出口受到的影响较大，第二季度环比跌幅为-21.4%，但第三季度实现反弹，增长9.8%；同时，家庭消费（资金估算除外）与私人消费也是经济萎缩的主要来源，第二季度环比分别下降10.6%和8.8%，均在第三季度实现超过5%的反弹；相比之下，政府消费、公共投资以及私人住宅投资受到的冲击较小。失业率整体上表现为明显上升趋势，根据日本总务省公布的调查数据，2020年12月日本失业率为2.8%，较2019年同期提升了0.4个百分点，是11年来首次提升，反映了其就业市场环境受新冠疫情的影响在不断恶化。相比欧美而言，日本劳动力市场变动相对稳定，这得益于其劳动力市场长期供不应求、大量使用非正式员工的特点。从经济景气指数看，制造业PMI在1—5月间也受到重创，由48.8连续降至38.4，随后于6月逐步回升，至12月升至荣枯线，仍延续不温不火的趋势，这表明日本制造业的复苏仍有一定挑战；服务业PMI同样经历了"V形"走势，12月恢复至47.7，不仅低于荣枯线，而且低于前一年同期水平。消费者信心指数仍处于低迷状态，于4月跌至最低处，尽管随后有所回升，但相对有限，截至12月，该指数仍然徘徊于疫情前水平，表明消费疲态凸显。全年消费价格指数（CPI）预计同比下降0.5%，主要受到新冠疫情、油价低迷以及旅游促销的影响。随着经济逐步复苏，预计2021年价格下行压力有所减缓。针对新冠疫情和经济低迷，日本推出了总规模达经济总量40%的经济刺激计划。并在2021年年初，日本央行宣布继续保持宽松的货币政策，将短期利率维持在-0.1%的水平，并通过实施购买长期国债等一揽子计划，促使长期利率维持在零左右。总体看，新冠肺炎疫情基本抹平了日本近年来以推动扩张性财政政策、宽松货币政策以及结构性改革取得的经济成就，加大了日本未来经济前景的不确定性，日本经济短期内可能再次回到通缩。

（2）新兴市场分化明显

2020年，面临新冠肺炎疫情、全球贸易摩擦事件升级与需求不振的影响，新兴市场和发展中国家经济严重下滑，内部发展不平衡的程度有扩大趋势。新冠肺炎疫情对金砖国家的冲击较为严重，民生受到重创，外部环境因素的不确定性对其改革和发展进程产生了不同程度的影响。印度、南非、巴西的改革进程被迫中断，三国国内的结构性矛盾进一步凸显；俄罗斯通过内部改革保障了经济地位，抗风险能力较强，经济呈现复苏态势。总体上，新兴市场表现为不同程度的复苏，短期内新冠肺炎疫情对中国以外的主要新兴市场的冲击仍在蔓延，这些国家的确诊病例仍在上升，疫情发展的不确定性将会对这些国家造成较大的扰动。

印度经济疲软。为了遏制新冠肺炎疫情，印度在2021年下半年实施了最严格的封锁，其经济受到严重冲击。根据印度统计局发布的数据，2020年第一季度印度经济同比增速为3.1%，较去年同期回落2.6个百分点，较上一季度回落1.0个百分点；第二季度起，印度受疫情的负面冲击逐渐增大，第二季度经济同比萎缩23.9%，创GDP发布以来的最差纪录，第三季度降幅有所收窄。目前，印度的第四季度数据并未公布，各方预测不一。根据联合国的预测，2020年印度经济萎缩9.6%，但随着疫情得到全面控制，有望在2021年增长7.3%。国际货币基金组织对此持乐观态度，预计2020年下滑8%，但会于2021年增长11.5%，成为增长最快的经济体。而印度储备银行和统计局分别预测当年经济萎缩7.5%和7.7%。制造业经历大起大落，目前恢复良好。3月后，随着疫情逐步蔓延，印度政府采取防控措施，4月该指数仅为27.4，几乎是3月的1/2，随后的两个月份实现了强劲反弹，展现出向好趋势，12月为56.4，高于荣枯线和前一年的同期水平，表明印度制造业复工复产势头良好。相比之下，印度的服务业受到的冲击更大，服务业PMI自3月起一直低于荣枯线，甚至在4月出现了5.4的最低位，这是近年来的最低值，持续了两个月的低位徘徊后，6月服务业PMI逐步回升，仅12月为52.3，基本已恢复至疫情前水平。作为人口和世界上的贫穷国家之一，印度就业市场遭遇打击，前景黯淡。4、5月失业率均在20%以上，但在6月明显回落，在11、12月又出现上升。由此，印度的就业状况并未同GDP一起好转。从具体结构看，印度城市失业人口占总失业人口的34%，年轻人失业率更高，其中，40岁以下的劳动力所占比重有所下降，而40岁以上的劳动人口比重上升至60%，劳动力老龄化趋势凸显。就业状况惨淡导致消费需求雪上加霜，尽管低收入群体庞大，但疫情下这部分人缺乏收入来源，消费呈现"断崖式"下滑。疫情也给印度的出口造成较大影响，4月出口额降幅最大，达61.0%，于9月恢复为正向增长，但随着疫情加重，封锁措施又使得出口增长转为负，全年出口整体低迷。在此期间，印度已实行了两轮经济刺激政策，5月实施总额达20.97万亿卢比的刺激计划，放松对非银监管、降低政策利率，但对需求端的刺激不明显；为了刺激需求端，于10月实施了5000亿卢比的第二轮刺激政策；未来，印度可能还会实施第三轮刺激政策，重点刺激受疫情冲击严重的旅游、餐饮等领域。

俄罗斯经济逐步回暖。由于过分依赖于石油和天然气出口，在新冠肺炎疫情与全球经济需求不足叠加的现实背景下，各国广泛采取封锁措施，全球能源需求明显下降，其经济继续受到严重拖累。疫情发生后，俄罗斯采取了封锁六周的措施，但在年末出现第二轮疫情时，俄罗斯政府并没有采取"二度"封锁。具体看，俄罗斯GDP第一季度表现为正增长，为1.6%，但在第二季度、第三季度出现大幅下滑，在第四季度有所回升，全年经济萎缩3.1%，总体表现好于不少欧洲国家。世界银行于2021年1月发布的《世界经济展望》报告中预计2021年俄罗斯就将反弹2.6%。从工业看，工业生产指数连续两个月跌幅超过7%，5月后逐步回升，至12月仍为负值，总体未恢复到疫情前的产出水平。从具体产业看，由于"欧佩克+"框架下石油开采量减少，对煤等矿物需求降低，俄罗斯矿产资源开采量连续多个月份呈现同比下降趋势，与供水、卫生有关的工业生产也呈现大幅下降势头，但制造业商品产值呈现正增长。制造业生产逐步回暖，但仍未走出泥淖。第二季度三个月份的制造业PMI指数分别为31.3、36.2、49.4，总体低于前一年同期水平，第四季度三个月份已经好于前一年同期水平，表明其制造业回暖，但仍低于枯荣线，反映了其制造业生产仍然乏力。与此同时，服务业也呈现明显的回暖趋势，3—5月服务业PMI由底部的12.2逐步回升至47.8，第三季度三个月都在荣枯线之上，然而受疫情再次扩散加强封锁的影响，第四季度再次出现下降。失业率出现回落，11月失业率为6.1%；居民和企业通胀预期上升，推动通胀多个月延续上升态势。央行仍维持4.25的基准利率不变。

巴西经济有望恢复增长。作为南美第一大国，受新冠肺炎疫情影响，巴西在2020年第一季度的GDP同比萎缩1.5%。进入第二季度后，巴西疫情加剧，4月制造业PMI指数跌至36.8，远低于前三个月，于5月实现小幅反弹，并在6月重回1月水平；进入第三季度，巴西GDP同比下滑3.9%，但制造业PMI指数回升态势明显，6月后连续高于荣枯线，且上升趋势十分明显，10月、11月、12月分别为66.7、64.0、61.5，且显著高于前一年同期水平，这表明巴西制造业需求强劲复苏。同时，服务业PMI尽管也于12月恢复至荣枯线之上，但相对制造业仍然疲软。服务业是巴西的支柱产业，占其GDP的比重超过70%。从具体数据看，2020年巴西服务业产出同比下降7.8%，为2012年以来的最大跌幅，大部分州的服务业出现显著下降。其中，家庭服务业跌幅最高，达-35.6%，其次为专业、管理与配套服务业，交通运输业；作为旅游大国，其旅游业也遭受重创，圣保罗和里约两个州的旅客活动指数下滑均在30%以上。预计2021年巴西服务业有望恢复增长。

南非经济复苏前景复杂。新冠肺炎疫情也给南非经济带来了较大冲击，第一季度GDP同比下降3.2%，是10年以来的最大跌幅。但在第二季度后，南非经济有所恢复；然而，进入第三季度，GDP同比再次下滑6.1%。南非央行预计2020年南非经济收缩7.1%，而世界银行预测将萎缩7.8%，并于2021年实现3.3%的增长。比较金砖国家，南非受疫情的冲击影响最大。全年制造业受疫情的冲击较大，Markit制造业PMI指数于5月跌至低谷32.5，随后逐步回升，至12月，已回升至枯荣线之上，但好于2019年同期水平。失业率仍是南非的主要痛点，疫情导致南非第三季度失业率高达30.8%，为10年以来的最高水平。通胀保持温和，10月、11月均为3%左右。为了应对疫情冲击，南非政府上半年实施了四次降息，尤其是央行于5月21日宣布降息50基点至3.75%，创50年以来的低位；11月，南非央行宣布维持3.5%的利率。

2. 国内经济环境分析

2020年上半年，中国经济也受到了新冠肺炎疫情的巨大冲击。新冠肺炎疫情发生后，党中央高度重视，并迅速部署，将疫情防控作为头等大事来抓，坚决要求各级党委和政府及有关部门将人民群众的生命安全和身体健康放在首位。在一系列政策的作用下，复工复产逐月好转，尤其在5月召开的"两会"释放了空前的财政和货币政策，"六稳""六保"工作扎实推进，中国经济实现由负转正，第二季度增长3.2%，体现了中国经济的强大韧性。进入第三季度，尽管疫情在局部地区仍时有反弹，但均及时得到了有效控制，复工复产全面展开。步入第四季度，中国主要面临输入型疫情，党中央积极采取常态化疫情防控，经济内生增长动力增强。制造业逐步回暖，出口订单不断提升。按可比价格计算，2020年中国实际GDP增长2.3%，成为全球唯一实现正增长的主要经济体，面对疫情的巨大冲击，取得突破100万亿元大关的成绩，实属不易。工业生产持续景气，制造业表现良好，服务业逐步回归正轨，餐饮、住宿、文化等回归正向增长，消费市场有所改善，出口好于预期。失业率先升后降，呈现持续改善态势。同时，人民币汇率弹性总体趋稳。

工业生产回暖，逐季回升。为应对新冠肺炎疫情，国内于年初广泛实行了停工停产，加之物流运输放缓以及需求不足等影响，第一季度工业生产断崖式下跌，同比下降8.4%，而进入第二季度后，供给端逐步修复，工业实现增长4.4%，上半年全国规模以上工业增加值下降1.3%，显著低于2019年全年5.7%的水平

(图 4-3)。随后于下半年，工业开始逐月回升，10月、11月、12月分别同比增长6.9%、7.0%、7.3%，12月实现累计同比增长2.8%。从经营效益指标看，3月规模以上工业企业实现利润降幅较大，同比下降34.9%，随后逐步修复，7月基本保持在20%的增长水平。工业生产之所以持续走强，除了政策的力度较大外，还在于工业由停工转向复产的难度相对较小，外需走强也是拉动工业生产的一大原因。由于大宗商品价格下降叠加终端需求走弱，上半年工业生产物价水平处于通缩通道，2—5月，工业生产物价指数同比下降由0.4%增至3.7%，随后于6月后逐月上

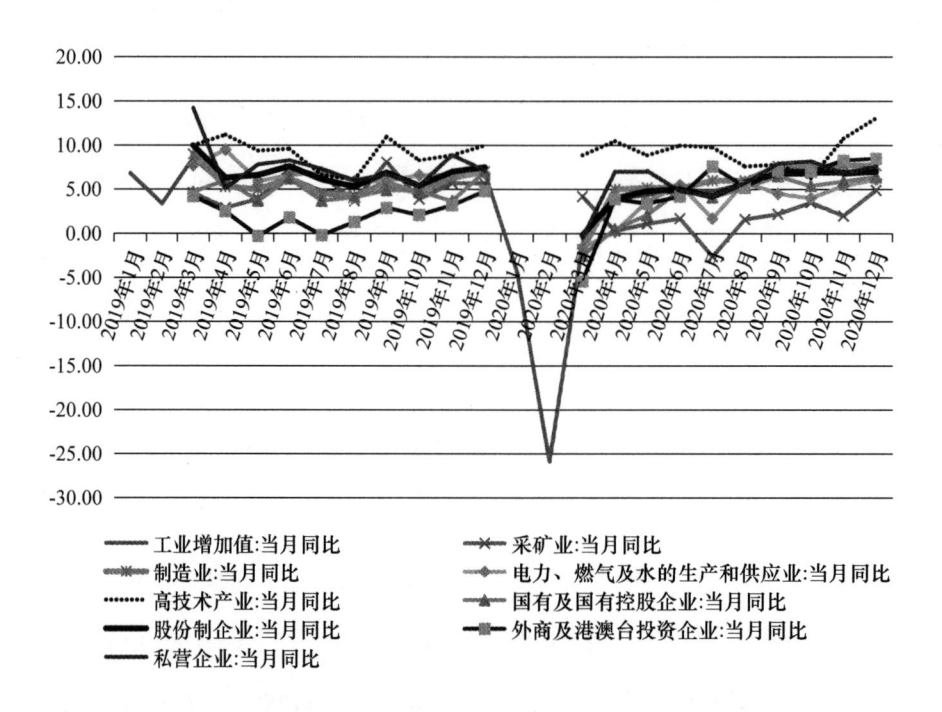

图 4-3 工业增加值以及工业行业增速

资料来源：Wind 数据库。

升,至 12 月实现由负转正。另外,从制造业 PMI 的变动情况看,如图 4-4 所示,中国制造业 PMI 指数仅在 2 月遭受较大影响,当月平均为 35.7,随后于 3 月呈现显著反弹,升至 52.0,此后均稍高于荣枯线,表明制造业的总体景气程度仍然不高;分项指标显示,制造业生产 PMI、新订单 PMI 自 3 月复工复产以来,此后逐月均显著高于荣枯线,这表明这两项是拉动制造业 PMI 指数的主要方面。分不同规模的企业类型看,根据国家统计局发布的数据,大型企业的制造业 PMI 指数高于中小型企业,这表明大型企业收到的冲击相对更小,换言之,大型企业起到了稳固制造业"定海神针"的作用,中小企业在全年多个月跌破荣枯线,表现相对不足。展望 2021 年,在贯彻落实新发展理念、

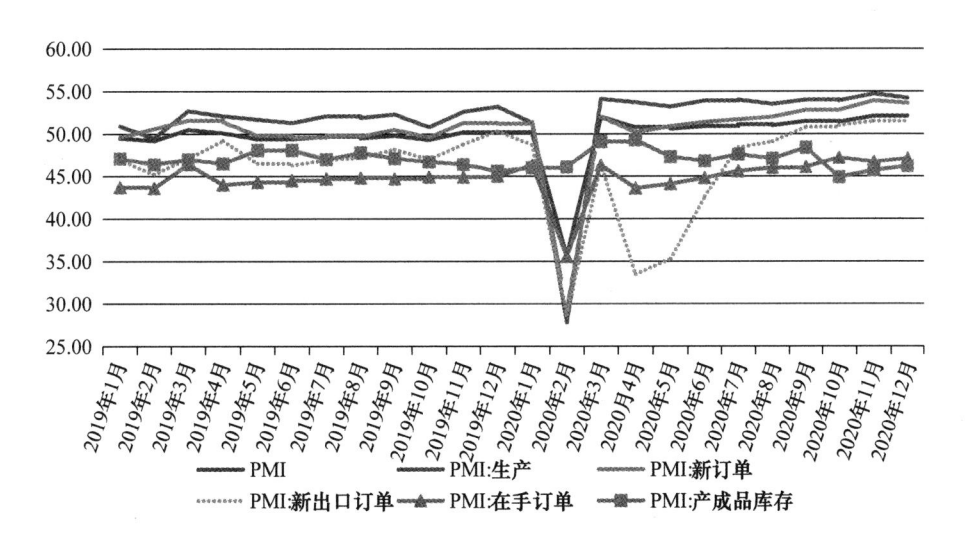

图 4-4 中国制造业采购经理指数（PMI）

资料来源：Wind 数据库。

政府出台多项稳增长政策、内需逐步得到激发的推动下,工业生产还会继续回升。

消费呈现回暖迹象,但消费信心仍然不足,线上消费比重提升。上半年的前三个月中,国内消费出现骤降,根据国家统计局数据,2月、3月社会消费品零售总额同比下降20.5%、15.8%,尤其是线下消费较为显著,随着各地刺激消费政策频出,疫情造成的短期冲击在下半年逐渐得到缓解,社会消费量零售总额降幅逐步减小,并于8月由负转正(图4-5),10月、11月、12月连续保持超过4%的增长。居民消费活动逐步恢复,但未恢复至疫情前的增速水平,主要是疫情导致的餐饮收入不足所致,2月、3月餐饮收入

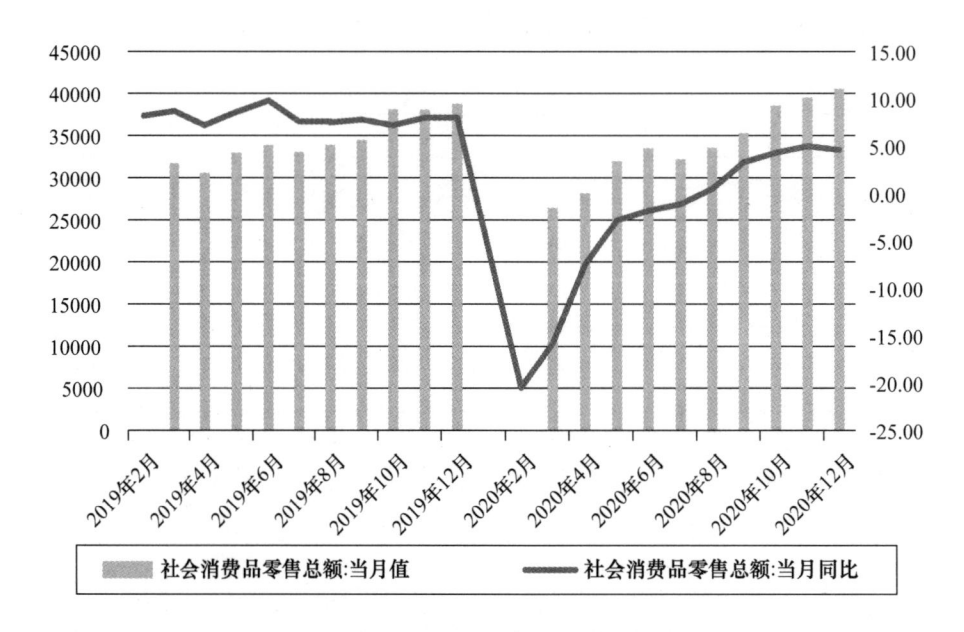

图4-5 社会消费品零售额(亿元)和增速(%)

资料来源:Wind数据库。

骤降 43.1%、46.8%，尽管随后逐月修复，目前餐饮收入增速仍在零上下徘徊。这表明餐饮消费持续低迷，居民外出消费的意愿不强。同时应看到，受疫情影响，线下消费活动受到较大限制，许多商家转战线上、开启网络直播带货等新营销模式，线上消费显著增长。全年网上零售额同比增长 10.9%，商品网上零售额增长接近 15%，占社会消费量零售总额的 25%，随着疫情得到控制，下半年线下消费逐步向正常化靠拢。本次疫情在客观上对线上消费起到了重要的拉动效应，这一势头在疫情彻底消除后仍将保持良好的惯性。另外，车市在下半年增速较快，对整体消费市场的回升起到了重要的推动作用。消费呈现升级趋势，化妆品类、文化办公类等消费品增速明显。此外，从居民消费价格指数 CPI 看，上半年通胀同比上涨 3.8%，呈现高位回落的趋势。1—2 月 CPI 均超过 5%，国家出台猪肉保供政策后，加之疫情得到全面控制，随后的月份中通胀压力明显减轻，全年 CPI 较温和，同比增长 2.5%，低于政府工作报告中 3.5% 的目标。

投资稳步恢复，复苏态势良好。根据国家统计局数据，2020 年上半年全国固定资产投资（不含农户）同比收缩 3.1%。其中，如图 4-6 所示，第一季度下滑较多，2 月固定资产投资完成额累计同比下降 24.5%，并在随后的月份中逐步回升；第二季度后，

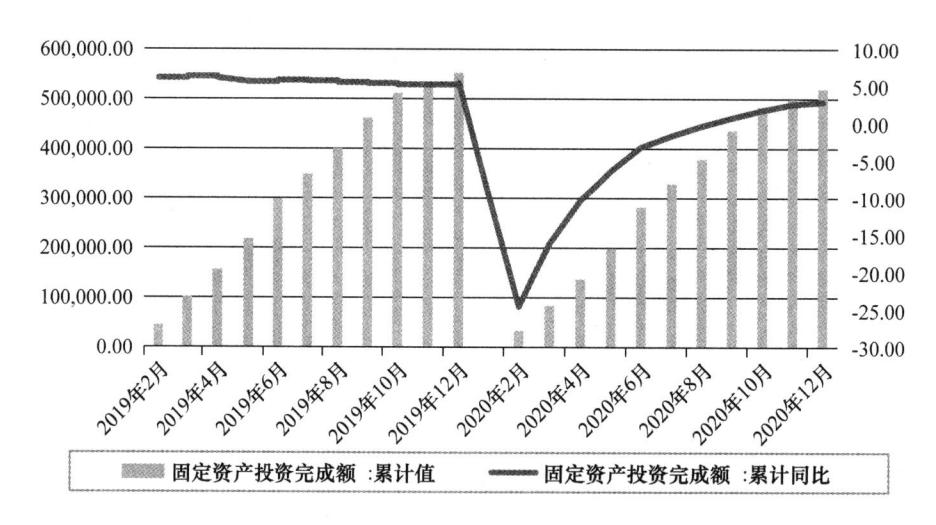

图4-6　国内固定资产投资累计完成额（亿元）和增速（%）

资料来源：Wind数据库。

复工复产等相关政策持续加力提效，固定资产投资修复势头明显加快，较第一季度增速回升10个百分点。中央发布"十四五"有关规划的建议，激发了市场主体的投资信心，三季度累计投资增速实现由负转正，并于四季度继续大幅反弹。全年固定资产投资（不含农户）518907亿元，同比增长2.9%。三次产业投资增速实现转正，其中第一产业、第二产业、第三产业投资分别增长19.5%、0.1%、3.6%。在房贷利率下调等的推动下，房地产市场迅速回暖，房地产投资率先实现转正，上半年房地产投资完成额累计值为6.28万亿元，同比增长1.9%，实现了由负转正，全年同比增长7%。基建投资仍是不温不火，全年增长0.9%，制约基建投资的资金瓶颈仍未得到有效缓解，原因可能在于疫情防控与保民生占用一定资金，多地疫情反复影响施工进度。制造业投资同比下滑2.2%，但复苏势头较强，12月实现了两位数增长。高技术产业投资同比增长10.6%，是拉动整个投资需求的一大亮点，其中，高技术制造业、高技术服务业投资分别增长11.5%、9.1%。民间投资289264亿元，增长1.0%，反映出经济的内生动力在持续增强。总体而言，短期内投资对稳增长仍起较大作用。

货物进出口总额创历史新高，货物贸易第一大国地位进一步巩固。在中央前面统筹推进疫情防控和经济社会发展，扎实推进"六稳"、全面落实"六保"任务的推动下，据海关数据统计，2020年中国全年对外贸易同比增长1.9%，好于预期。2020年货物进出口总额为32.16万亿元，同比增长1.9%。其中，出口17.93万亿元，增长4.0%；进口14.22万亿元，下降0.7%。贸易顺差为3.71万亿元。机电产品出口保持稳健，同比增长6%，占出口总额的比重上升至59.4%，同比提高1.1个百分点。劳动密集型商品、汽车及零部件是主要拉动力量。一般贸易进出口占进出口总额的比重上升至59.9%，同比提高0.9个百分点。从贸易主体看，民营企业在外贸稳增长中的作用更加突出，全年民营企业进出口增长11.1%，占进出口总额的比重为46.6%，同比提高3.9个百分点。国际收支总体改善，2020年年末，外汇储备余额3.22万亿美元，较上年同期增加1086亿美元。在出口方面，美国、东盟、欧盟为前三大出口贸易伙伴，出口额分别为465亿美元、444.3亿美元、420.6亿美元，出口增长的贡献分别为5.0%、2.9%、0.7%。在进口方面，东盟、欧盟、美国仍为前三大出口贸易伙伴，进口分别拉动3.0%、2.0%、2.8%。"一带一路"沿线贸易继续展现出较强的韧性与活力。2020年，中国对"一带一路"沿线国家进出口9.37万亿元，同比增长1%。

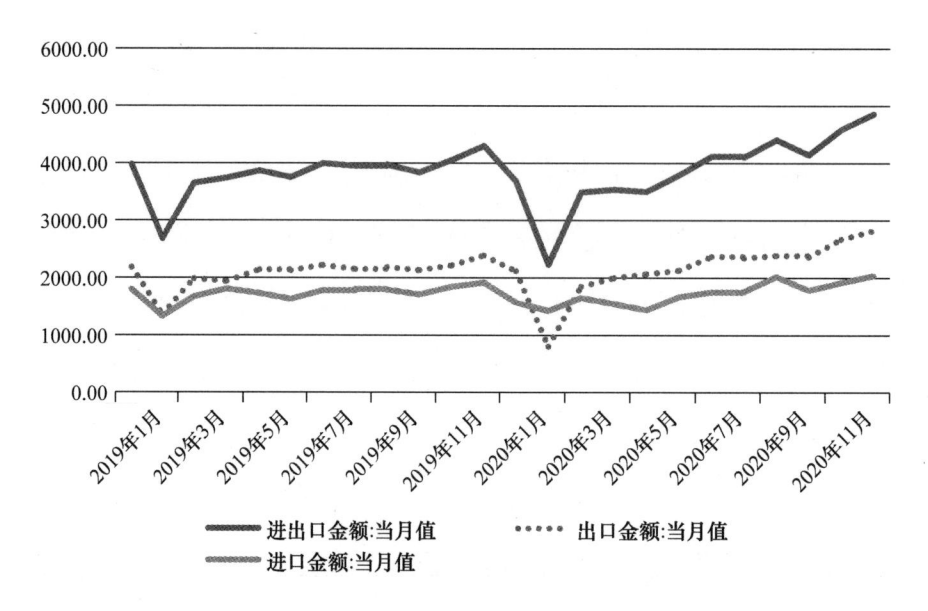

图4-7 中国进出口总额增长状况（亿美元）

资料来源：中国海关数据库。

（二）2020年下半年工业增速预测

为了将工业增长的长期趋势因素与周期（和不规则）因素进行分离，获得对不可观测的潜在因素的估计，对于单一时间序列的原始数据，或运用滑动平均方法，或运用频域估计方法，其中滤波方法有其独特的优点，即简单直观，并很容易实施，也可以避免生产函数法所带来的经济转型时期生产函数是否稳定的问题及多变量结构化分解法所带来的中国通常形式的菲利普斯曲线是否存在的问题。因此本部分首先对工业增速趋势预测采用HP和BP滤波方法，对周期波动采用Fourier函数拟合。

本部分选择工业增加值同比增速数据作为工业增长的观测指标。资料来源于国家统计局网站，数据区间为2000年1月至2020年12月。工业增加值同比增速有以下特点：第一，该指标是按可比价计算得来，不受价格因素影响，不需要价格调整；第二，月度数据会随季节变动，需要使用X12进行趋势调整。

1. HP滤波分离工业增长趋势成分和波动成分

HP滤波消除趋势法可以将经济运行看作潜在增长和短期波动的某种组合，运用计量技术将实际产出序列分解为趋势成分和周期成分，其中趋势成分便是潜在产出，周期成分为产出缺口或波动。对于工业运行增速来讲，其时间序列 y_t 由工业运行趋势部分 g_t 和工业运行波动部分 c_t 构成，即

$$y_t = g_t + c_t \quad t = 1, \cdots, T \quad (1)$$

Hodrick and Prescott（1980，1997）利用对数的数据移动平均方法原理，设计了 HP 滤波器。该滤波器可以从时间序列 y_t 中得到一个平滑的序列 g_t，即趋势部分，且 g_t 是下述问题的解，即

$$Min\left\{\sum_{t=1}^{T}(y_t - g_t)^2 + \lambda \sum_{t=1}^{T}[(g_t - g_{t-1})(g_t - g_{t-2})]\right\}$$

$$(2)$$

其中 $\sum_{t=1}^{T}(y_t - g_t)^2$ 是波动部分，$\sum_{t=1}^{T}[(g_t - g_{t-1})(g_t - g_{t-2})]$ 是趋势部分，λ 是平滑参数，用于调节两部分的比重，其值为正。平滑参数 λ 的选取是 HP 滤波法最重要的问题。不同的平滑参数值即为不同的滤波器，并由此决定了不同的波动方式和平滑度，根据现有研究，在处理年度数据时，其取值为 100，当处理季度数据时，其取值为 1600，在处理月度数据时，其取值为 14400；根据现有研究，平滑参数值应该是观测数据频率的 4 次方，即年度数据应取 6.25，季度数据应取 1600，月度数据应取 129600。本报告主要使用的数据是 2000 年 1 月到 2020 年 6 月的工业增加值增长率，

资料来源于国家统计局网站和 Wind 终端。选取以上两种滤波器,即 λ = 14400 和 λ = 129600。

在对数据进行季节性调整之后,应用平滑参数 λ = 14400 和 λ = 129600 两种 HP 滤波器(以下简称滤波器 1 和滤波器 2)对中国工业增加值增长率的自然对数进行滤波,得到其中的趋势成分和波动成分。由图 4 - 8 可以看出,两个滤波器所得到的趋势序列和波动序列并无显著差异,且两趋势序列无差异和两波动序列无差异都通过了 95% 置信水平的 t 检验。从趋势序列的走势可以直观地看出,2010 年后,中国工业运行的潜在增长率的下降趋势明显。

2. BP 滤波建立工业增长时间趋势模型和周期波动模型

建立工业增长时间趋势序列与时间 t 的趋势多项式函数如下:

$$\widehat{speed} = a_0 + a_1 t + a_2 t^2 + a_3 t^3 + \cdots + a_n t^n$$
$$n = 1, 2, 3 \cdots \quad (3)$$

将 2000 年 1 月设为 $t = 1$,将 t 与工业增长率带入以上函数得到工业增长时间趋势函数如表 4 - 1 所示。综合考虑拟合优度和 DW 值,本报告选择模型 3 作为工业增长率的拟合方程式。

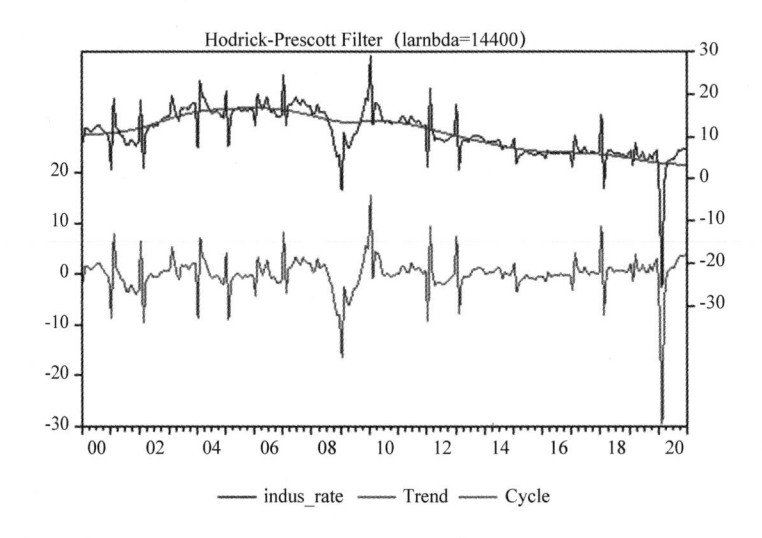

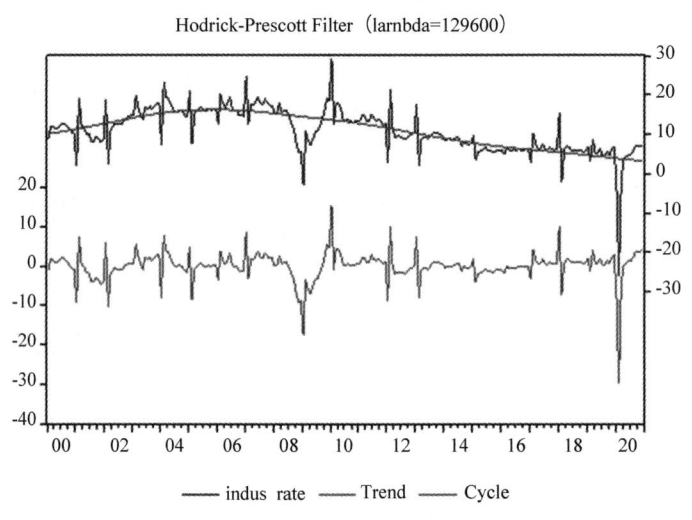

图 4-8 不同滤波器下的滤波结果

资料来源：Eviews 11.0 输出结果。

表 4-1　　　　　　　　多项式回归结果

	截距项	t	t^2	t^3	R^2	DW
模型 1	16.8426 ***	-0.0462 ***			0.3515	1.0451
模型 2	12.1939 ***	0.0637 ***	-0.0004 ***		0.4832	1.3112
模型 3	8.5755 ***	0.2336 ***	-0.0021 ***	4.42E-06 ***	0.5388	1.4688

注：***表示1%的显著性水平。

工业增长率在时间上存在一种惯性,时间的一阶分量对工业增速的影响显著,可以认为中国工业运行的潜在增长趋势大致在2019年触底,将于2020年出现回暖(图4-9)。但由于2020年突如其来的新冠肺炎疫情的影响,工业经济遭受较大负向冲击,假定2021年7月后国内不会出现大面积的疫情。结合国内外宏观经济形势,预计工业增速在上半年相对大幅反弹后,下半年会延续平稳运行态势,但起色不明显。

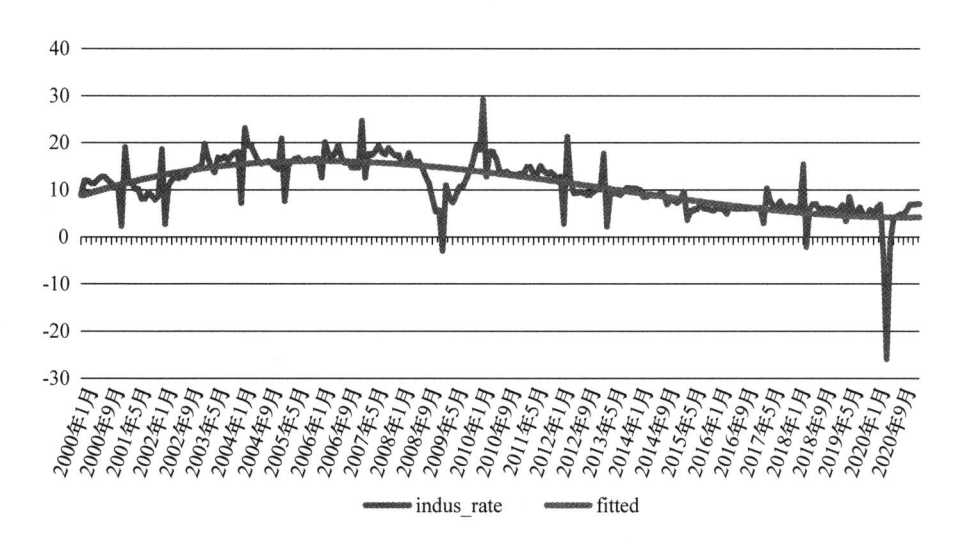

图4-9 原值与多项式拟合结果

决定近似理想BP滤波优劣的关键是选取合适的截断点N。如果N值过大,那么序列两端的数据就会有大量的缺失,如果N值过小,就会过多地剔除本应保留的成分。根据不出现频谱泄露和摆动的原则,选择最低周期是 3，最高周期是 8，截断点为 3。结合中国工业运行增速可以得到频率响应函数，如图 4-10 所示。

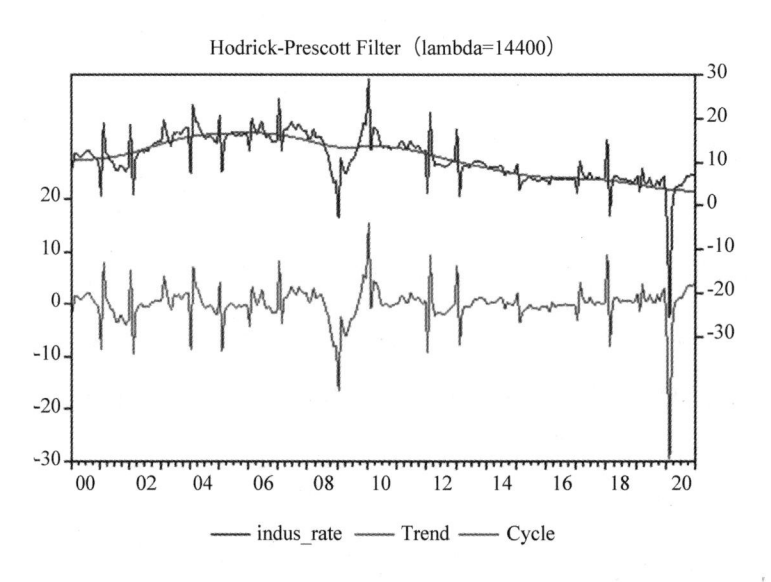

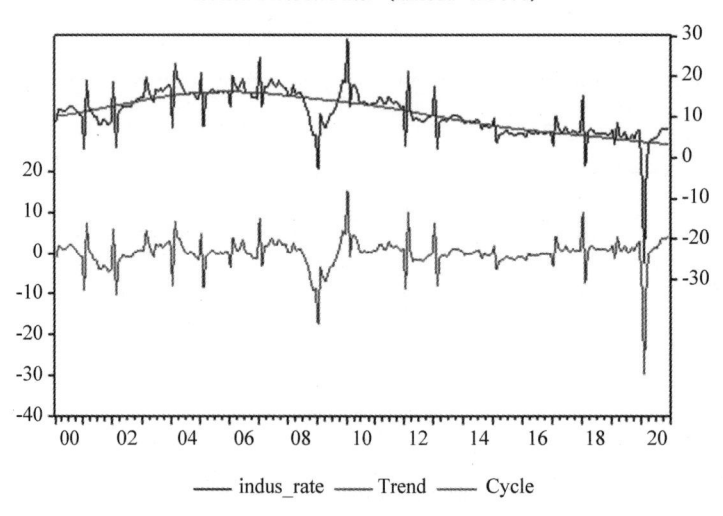

图 4-10 BP 滤波的频率响应函数

资料来源：Eviews 11.0 输出结果。

一次完整的周期波动可以从一个波峰到另一个波

峰。可以看出，中国工业经济增长率存在明显的周期波动，且连续负波动比连续正波动持续的时间要长，在2008年和2009年、2011年和2012年、2016年和2017年交替年阶段波动幅度较大。

用工业增长率实际值减去趋势值得到波动序列值，其满足 BP 滤波的一般表达式如下，通过此表达式的求解可得波动序列的主要特性（每个频率的波谱）。

$$X_t = A_0 + 2\sum_m [A_m\cos(2\pi mt/N) + B_m\sin(2\pi mt/N)] \tag{4}$$

其中，N 表示样本容量，频率被定义为样本容量的倒数，当 $N = 2n$ 时，$m = 1, 2\cdots, n$，当 $N = 2n - 1$ 时，$m = 1, 2\cdots, n - 1$。由此可得到 A_m 和 B_m 的具体计算式并将频谱定义为 $N(A_m^2 + B_m^2)$。功率谱较高值所对应的频率是确定波动成分主要周期分量的重要标志，式（5）的结果显示，波动序列的谱密度有相对较大的振幅出现了8处，表现为功率谱出现了比较明显的高峰值。因此，可以认为波动成分是由这8个周期分量叠加而成的，根据波动序列所呈现出来的正弦和余弦形式，我们采用傅立叶函数来对波动序列进行拟合，并由所得到的主要周期分量，将函数形式设定为：

$$c_t = c_0 + \sum_{i=1}^{8} a_i\cos(\frac{2\pi}{T_i}t) + \sum_{i=1}^{8} b_i\sin(\frac{2\pi}{T_i}t) \tag{5}$$

其中 T_i 是所选择出来的8个周期分量。利用 Matlab 软件的 cftool 工具箱对原波动序列进行 Fourier 函数拟合，得到各系数为（95% 置信水平下）：

$$\begin{cases} c = -0.0056 \\ a_{(1,6)} = (0.0670, 0.0340, -0.7349, 1.3520, 0.3950, -1.1100, 0.8563, 0.2903) \\ b_{(1,6)} = (0.1198, -1.0500, 0.0008, 1.5030, -0.6894, 0.5864, 0.9483, -0.7853) \\ w = 0.0382 \end{cases}$$

(6)

拟合出的函数趋势如图 4-11 所示：

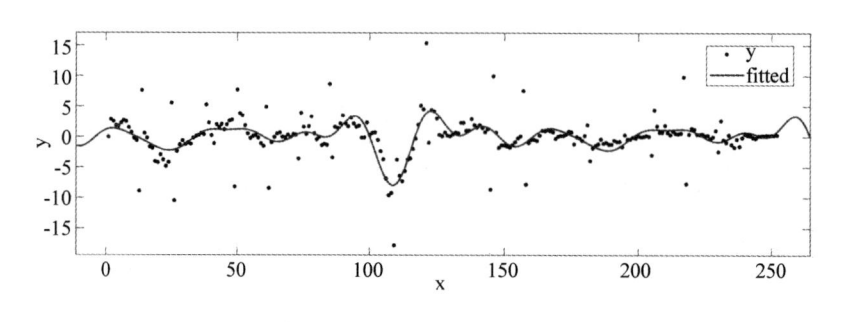

图 4-11 波动序列的拟合函数

资料来源：Matlab Fourier 拟合输出结果。

从图 4-11 可以看出，拟合函数与波动序列的变动趋势基本一致，模型的相关系数 $R^2 = 0.3583$，且拟合函数所对应的数值通过显著性检验，RMSE 值为 2.687，说明 BP 滤波的 Fourier 模型适用于该波动序列的拟合预测。

3. 中国工业运行趋势

结合以上时间趋势模型和周期波动模型，来预测中国 2021 年 1—6 月的工业运行同比增速如表 4-2 所示。

表 4-2　　　　　　　　工业同比增速预测值

时间	工业增速预测值
2021-01	9.6643
2021-02	10.5318
2021-03	11.5993
2021-04	10.7861
2021-05	10.5343
2021-06	9.5018
平均	10.4363

资料来源：根据模型结果整理。

五　推进中国工业经济高质量发展的政策建议

新冠肺炎疫情叠加外部环境不确定性，今年四季度中国工业经济仍面临着较大下行压力。因此，今后一段时间，中国工业经济发展需要平衡短期应对与中长期发展。一方面短期应对疫情对工业经济冲击，通过扩需求特别是扩内需，努力实现工业经济平稳增长；另一方面继续深化供给侧结构性改革，推动工业经济高质量发展。

1. 做好"六稳"和"六保"，推动工业经济稳步回升

新冠肺炎疫情叠加外部环境不确定性，2021年中国工业经济仍面临着较大下行压力。下一步，应继续扎实做好"六稳"工作，全面落实"六保"任务，不断巩固工业经济稳定回升的态势。

扩大内需不仅是应对新冠肺炎疫情冲击、恢复工业经济增长的有效举措，而且是保持中国经济长期平稳健康发展的战略部署。一是稳定有效投资。加强对5G网络、数据中心等新型基础设施投资，加强新型城镇化建设，加强交通、水利等重大工程建设，提高投资的精准性和有效性。进一步调动社会资本的配资热情，提高基建投资使用效率。二是全力推动消费提升。稳定和扩大居民消费，促进消费回补和潜力释放，推进线上线下深度融合，促进消费新业态、新模式、新场景的普及应用。三是紧抓国际疫情恢复机遇，鼓励企业拓展国际市场，支持适销对路出口产品开拓国内市场，打通国内国际两个市场两种资源，实现国内国际双循环相互促进。

优化信贷结构，支持实体经济融资。全面支持实体经济特别是制造业融资，不仅可以达到"稳投资"短期目的，更有助于"提升产业竞争力"长期目标的实现。一是调整信贷结构，加大对实体经济的融资力度，确保对非金融类组织的贷款占比超过六成，大幅度增加对制造企业的中长期贷款。二是完善信用体系建设，进一步压低银行风险溢价，努力拓展民营企业多元化融资渠道，鼓励金融企业科技创新，降低实体经济金融服务成本。

加强分类指导，精准帮扶企业纾困，确保企业平稳运转。一方面落地落实各项惠企政策措施，包括进一步加大金融对中小企业的支持，减轻中小企业负担，确保各项优惠政策应享尽享，增强中小企业获得感。另一方面培育中小企业生存和发展的内生活力和动力，引导中小企业专注于细分领域，走专精特新的发展道路。

2. 继续深化供给侧结构性改革，推动工业经济高质量发展

如果说2020年工业经济的突出表现是将"脱轨"的中国工业经济拉回既定轨道，那么2021年中国工业经济则在求"稳"的同时，需要适时适度以求"进"解决中国工业的结构性问题，实现工业经济高质量发展。一是依托"中国制造2025""互联网+"推动传统产业转型升级。引导传统产业智能化发展，提高企业研发、生产、管理和服务的智能化水平。推动传统产业由生产型制造向服务型制造转变，促进制造业服务化转型。支持和鼓励传统产业企业利用互联网技术实现商业模式和管理方式创新，提高企业盈利能力。激励企业加大技术改造投资和研发投入，推动企业劳动生产率持续增长，提高竞争力，实现产业转型升级。二是集中突破"卡脖子"关键技术，有序推进新兴产业发展。加快构建以企业为主体的产、学、研、用机制，集中破除制约产业进一步发展壮大的关键基础材料、核心基础零部件（元器件）以及先进基础工艺瓶颈。加强科技研发与市场需求的紧密结合，优化战略性新兴产业空间布局，推动战略性新兴产业高水平产业集群发展，促进战略性新兴产业技术和产品的推广应用。三是建立防范机制，规避低水平重复建设。进一步加强规划布局，完善配套措施，同时建立防范机制，引导地方加强对重大项目建设的风险认识，按照"谁支持、谁负责"原则，对造成重大损失或引起重大风险的予以通报问责。

3. 强化改革与创新引擎，助力工业经济速度与质量并进

面对当前外部环境不确定、不稳定因素不断增加和国内经济下行压力加大的挑战，优化营商环境已经成为激发市场主体活力以及实现"六稳"目标的重要抓手。一是营造公平、公正、透明、稳定的法治环境。保障契约执行，严格保护投资者等各类市场主体的合法权益，严格保护知识产权，严格保护消费者权益，积极推进破产体系建设。坚持依法行政，进一步规范执法行为，完善执法体系。确保各类企业（不同所有制、不同规模、不同区域）平等享受法律保护，公平参与市场竞争，依法平等使用生产要素，平等承担社

会责任。二是推进建设更高水平开放型经济新体制，实施更大范围、更宽领域、更深层次的全面开放。通过借鉴上海自贸区经验、参考世界贸易组织《贸易便利化协定》，设定与全球贸易投资接轨的高标准规则。加快引入国际通行的行业规范、管理标准和营商规则。深入推进"放管服"改革，进一步放开市场准入，推动实施市场准入负面清单制度，推动落实"非禁即入"，有效扩大民间投资。落实《外商投资准入特别管理措施（负面清单）（2020年版）》和《自由贸易试验区外商投资准入特别管理措施（负面清单）（2020年版）》，围绕进出口管理与投资事项，厘清各部门的职责与管理机制，精简审核事项与流程，避免重复监管。三是加快建立各类市场主体和各级政府官员"激励与约束相容"的体制机制，充分调动民营企业、国有企业、外资企业、地方政府的投资和发展积极性。四是整合共享政务信息系统，加快国家数据共享交换平台建设，扩大数据共享范围，提升审批服务效率，营造更加便利的政务环境。

参考文献

江飞涛：《应高度重视传统制造业的高质量发展》，《中国经贸导刊》2020年第14期。

李思辉：《百亿级芯片项目"烂尾"，警惕"千军万马一哄而上"》，新华社客户端，2020年10月26日，https：//baijiahao.baidu.com/s？id＝1681617979001802002&wfr＝spider&for＝pc．

刘勇：《新时代传统产业转型升级：动力、路径与政策》，《学习与探索》2018年第11期。

史丹等：《"十四五"时期我国工业的重要作用、战略任务与重点领域》，《经济日报》2020年7月13日。

中国钢铁工业协会：《当前钢铁行业面临产能扩张冲动明显等三大问题》，《天津冶金》2019年第2期。